中公新書 1701

斎藤兆史著

英語達人塾
極めるための独習法指南

中央公論新社刊

まえがき

　これは英語独習法の解説書であり、その実践の場としての「自習塾」である。最終目標とする英語の習得段階は、日本人の最高レベルに設定してある。

　したがって、あらかじめお断りしておくが、本達人塾は本腰を据えて英語に取り組みたい、苦労してでも達人レベルを目指したいと思っている学習者の修練場である。まったくの初学者が楽しみながら英語を学べる場ではない。

　独習用の課題の作成にあたっては、高校修了程度の英語力を前提としたが、それを身につけていない場合でも、一念発起すれば達人レベルを目指すことはできる。ただし、その場合は、相当の苦労を覚悟して学習に取り組んでいただきたい。

　そのような志を持って本塾で課せられる作業をすべて実践すれば、日常的なやり取りや社交、商談はもちろん、文化的な議論や研究発表の場でも役に立つ高度な英語力を身につけることができるはずである。とはいえ、僕としても自分以上の英語力を軽々しく保証することはできないので、とりあえず国際的な会議で発表や討論を行なうばかりでなく、日本の大学で英語を教えたり、文学作品の翻訳をする程度の英語力は身につくはずだと言っておこう。

＊

　いまの日本は、英語に関してはまさに明治初期を思わせる狂乱状態の真っただ中にある。英語教育の裾野が広がっているだけに、狂乱の程度も尋常ではない。ともかくも英語ができないことには国際化の波に乗り遅れるとの焦りから、少しでも向学心を持った人はみな右往左往している。

　残念ながら、いまの日本人が目指している英語力は、もっぱら英語を流暢(りゅうちょう)に話す能力のようだ。そして、いままでの文法・読解中心の英語教育がそのような英語力の養成にあまり貢献してこなかったとの認識に基づいて、あたかも文法・読解学習が間違った英語学習法であるかのような議論がなされることが多い。文法・読解学習がそもそも不十分であるとの議論は、まず耳にすることがない。

　このような文法・読解忌避の傾向をさらに強めているのが、あいかわらずの欧米崇拝と結びついた母語話者信仰である。すなわち、母語話者の英語教師のなかには、日本語と英語との構造的な差異もわきまえず、音声中心の「自然な」言語習得を奨励しつつ日本の英語教育を批判する人が多く、母語話者の意見というだけで、それが正しい英語教育論であると誤解されてしまうのだ。そしてまた厄介なことに、母語話者による会話の指導などを受けていると、わりあい短期間のうちに「英語で話が通じた」という達成感が得られるため、地道に文法の勉強をしたり英書を読んだりする苦労がますます馬鹿馬鹿し

くなってくるらしい。

しかしながら、不自由な思いをせずに外国旅行がしたいとか、外国人と友だちになりたいというだけならともかく、文法無視でただペラペラとしゃべりまくる癖がついてしまうと、多くの場合、そこで英語学習が頭打ちになる。話し言葉においても書き言葉においても、表現に微妙な陰影をつけながら高度な議論を展開することができなくなってしまうのだ。

これは教室で学生の英語学習を観察していてもよくわかる。文法を無視して度胸だけで英語をしゃべるような学生は、いつまでたってもおかしな英語を話す。むしろ最初は文法を意識しすぎてぎこちないぐらいの学生のほうが、のちのちしっかりした英語を使いこなすようになる。何を学ぶにしても、基本をおろそかにした我流では伸びない。

かつての日本の英語達人たちを見てみると、例外なく基本に忠実な英語学習を行なっていることがわかる。ところが、最近の英語教育においては、彼らの学習法は例外的なもの、古臭いものとして退けられ、逆に「オーラル・コミュニケーション」なるものに重点を置いた、成功例のない学習法ばかりが試行錯誤的に導入されている。だが、たかだか100年や200年で人間の脳など飛躍的に進化するものではない。学び方の基本は変わらないのである。

*

本達人塾で紹介する学習法は、すべて日本の英語受容

史のなかで効果が実証されているものばかりである。本塾がとくに模範と仰ぐ新渡戸稲造、斎藤秀三郎、岩崎民平、幣原喜重郎、西脇順三郎、岡倉天心らの英語達人については、それぞれ関連する章において簡単な紹介を施しておいたが、その学習法と達人ぶりをさらに詳しくお知りになりたい場合には、拙著『英語達人列伝』（中公新書、2000年）をお読みいただきたい。彼らが実践した学習法は、あらゆる観点から見て語学の理に適っており、安心して実践いただけるものと思う。

とはいえ、達人たちの時代といまとでは、英語をめぐる状況もだいぶ異なっている。まず、英語そのものが変質・多様化している。英語学習に関する好ましい側面に目をやると、日本人が英語に触れる機会は増え、また学習機器も目覚ましい進歩を遂げている。

そのような状況の変化を考慮し、さらに僕自身の学習・教育経験を加味して、達人たちの学習法に多少の改良を加えた。だが、言語材料の難度はいささかも下げてはいない。あくまで達人レベルを射程圏内に収めた学習内容になっている。

学習項目は、できるだけ基礎的なものから高度なものへと段階的に進めるように配列した。したがって、その実践にあたっては、まず第1章で基本的な英語学習の心得を学んだのち、章の順番どおりに進んでいただければいい。

ただし、「発展学習」はあくまで達人レベルを目指す塾生のために設定した高度な学習項目であり、一つの課題をこなすにもかなりの時間と労力が必要となる。した

まえがき

がって、最初はこれを飛ばしながら学習を進め、最後までたどり着いてから、あらためて取り組むほうがいいだろう。

　本塾が志ある英語学習者の精進の一助となることを願う。

　　　　　　　　　　　　　　　　英語達人塾塾長

まえがき　i

・第1章・Basic Principles・
入塾心得 ……………………………………………3

・第2章・Vocalization・
音読　新渡戸稲造に学ぶ ………………………15

・第3章・Reading Aloud・
素読　長崎通詞に学ぶ …………………………31

・第4章・Grammatical Analysis・
文法解析　斎藤秀三郎に学ぶ …………………39

・第5章・Utilizing Dictionaries・
辞書活用法　岩崎民平に学ぶ …………………55

・第6章・Recitation・
暗唱　幣原喜重郎と岩崎民平に学ぶ …………71

THE ENGLISH MASTERS'
SELF-STUDY SCHOOL
●
CONTENTS

- 第7章・Extensive Reading・
多読　新渡戸稲造と斎藤秀三郎に学ぶ …… 87

- 第8章・Memorization・
丸暗記　西脇順三郎に学ぶ …… 103

- 第9章・Composition・
作文　岡倉天心と西脇順三郎に学ぶ …… 117

- 第10章・Utilizing Audio-Visual Materials・
視聴覚教材活用法 …… 133

- 第11章・Other Self-Study Methods・
その他の独習法 …… 145

- 第12章・Selecting Suitable Language Materials・
英語教材の選び方 …… 169

あとがき　180

[COFFEE BREAK]
1＊英語の早口言葉 …… 20
2＊「メーデー」はSOSの合図？ …… 62
3＊おかしなカタカナ英語 …… 98
4＊飲む？　食べる？ …… 127
5＊留学心得 …… 158

The English Masters'
Self-Study School

Saito Yoshifumi

Chuokoron-Shinsha
Tokyo

英語達人塾

**Chapter One
Basic Principles**

第1章
入塾心得

ものを学ぶには、まず心構えが必要である。いかに学習法が優れていたとしても、それを実践するときの心構えが間違っていたり中途半端であったりすれば、期待したとおりの学習効果は望めない。そこで、本章ではまず「英語達人塾」に入塾するにあたっての心得を説いてみたい。

基本は日本語
　いまこれをお読みの読者が九分九厘日本語を母語とする日本人であるという前提で言えば、我々は常日頃日本語でものを考えながら生活をしている。そして、言語が我々の頭のなかにある漠然とした想念を論理的思考として実体化する道具である以上、日本語を用いているときにもっとも深くて繊細な思考活動を行なっている。よく「英語でものを考える」とか「英語脳」とか軽々しく言うけれども、すべての論理的思考や情感的思念において、母語と同程度に英語を操るなどそう簡単にできるものではない。

　僕自身の経験から言えば、英米に留学していたときの出来事を英語で考えるのはけっして難しくはない。ほとんどが英語の母語環境のなかで発生したものであり、それにまつわる情報がそもそも英語で頭のなかに入力されているからだ。だが、故郷の情景とか、幼少時における祖父母との会話とか、その他自分の一番大切な文化的出自に関わることはあまり英語で考えたことがないし、考えたくもない。それをあえて英語で表現するとしたら、

今度は「翻訳」という技術を使うことになる。

　だから、たとえば、自分は英語を話すときにどうしても最初に日本語を思い浮かべてしまうといって学生が相談に来たときなど、それは大いに結構なことだと言って励ますことにしている。日本語を母語として生活してきた人間がいきなり英語で何かを考えようとしたって、正しい英語がスラスラと出てくるものではない。

　肝心なのは普段から日本語でしっかりものを考える習慣をつけることである。その上で、日本語で考えたことをできるだけ早く英語に変換する訓練をすればいい。母語を大事にしない人間は、外国語の習得など望むべくもない。

真似と反復

　ふたたび個人的な話で恐縮だが、僕は昔から物真似や声色遣いを特技としてきた。方向感覚や、年代・年齢に関する時間の感覚などが極端に鈍い反面、人の特徴を認識する感覚は鋭いらしい。神様もうまく得手・不得手を振り分けてくれたものだ。

　物真似や声色遣いが得意だと言うと耳がいいと思われがちなのだが、人の特徴は声ばかりではない。少なくとも僕にとっては、表情とかしぐさとか、映像的な部分が人を認識するときの重要な情報となっている。だから、人の表情を大袈裟に描いた似顔絵なども得意である。『英語達人列伝』中に達人たちの似顔絵を載せたとき、ほとんど誰にもそれが僕の手になるものだと気づいてもらえなかったくらいだから、これも特技と言っていいか

もしれない。

　ここまでは自慢話として読んでいただいて結構だが、じつを言うと、物真似が得意なことで僕はずいぶんといやな思いもしてきた。とくに小学校のときには、何をやっても人真似だ、人真似だと馬鹿にされたものである。習字の時間などはひどいもので、お前の字はただお手本を真似ただけで伸びやかさがない、看板屋の字だと教師にけなされ、しまいには教師本人に「看板屋」というあだ名までつけられた。

　これは僕の出た小学校だけに限ったことではない。どうも戦後の教育は、戦前の画一的、形式主義的な教育に対する反動からか、「真似」を忌避する傾向にある。逆に、「個性」とか「子供らしさ」ばかりが強調され、「自由な自己表現」が称揚されているようだ。

　しかしながら、音楽でも運動でも、とにかく何かの技芸を本格的に修めたことのある人ならおわかりのとおり、学習の基本は真似と反復である。お手本を真似て、それがうまくできるようになるまで徹底的に反復練習をする。「自己表現」とは、基本の型を体が完全に覚えてはじめて可能になるものなのだ。

　語学にしても基本はまったく同じ。口や体が自然に反応するようになるまで、ただひたすら正しい発音の真似をしたり、例文を繰り返し暗唱したりするしかない。英語が外国語である以上、その習得はほかの技芸の習練と同じように日々のたゆまぬ反復練習なくしてあり得ないのである。

第1章　入塾心得

継続は力なり

「継続は力なり」。この当たり前の教訓も、ここでもう一度確認しておいていただきたい。というのも、英語だけは何か特別な習得法があって、それを用いるとごく短期間で身につくはずだという誤解が根強いからである。

たとえば、「3週間でジャズ・ピアノがスラスラ弾ける」というピアノ教室や、「2カ月でバレリーナのようにスイスイ踊れる」というバレエ教室の宣伝文句を見たら、さすがに誰だってうさん臭いと思うだろう。もちろん、生徒を募集する側もそんな誇大広告は思いもよらないはずだ。だが、こと英語となると、やれ何週間でペラペラだとか、この勉強法でみるみる上達するとか、そんなうたい文句ばかり目につく。

おそらくこれは、ごく短期間に自然に習得するのが言葉本来の姿であるとの幻想が蔓延しているからに違いない。たしかに、英語圏に行けば幼児でも英語を話している。学校で何年も勉強するのに会話一つできないのは間違った教授法のせいである、「正しい」学習法を実践すればすぐに英語が使いこなせるようになるはずだと思ってしまうのも無理はない。

だが、日本語と英語がまったく違った語族に属し、書記体系も音韻体系も統語構造も、さらには言葉を用いるときの理念的な前提がまったく異なる以上、日本語を母語として育った人間がそうそう簡単に英語を使いこなせるようにはならない。日本人にとっての英語は、やはりピアノやバレエと同じように、何年も何年も基礎的な訓練を積んではじめて習得できる技術なのである。

したがって、誤解のないようにあらかじめ断っておくと、本書を一読したときに達人レベルの英語力が身についているなどは間違っても期待しないでいただきたい。ここに書かれた学習法を実践してようやく効果が実感できるのは、個人差もあるだろうが、せいぜい1年後くらいのものであろう。

先に僕は、本塾で課せられる作業をすべて実践すれば、日本の大学で英語を教えたり、文学作品の翻訳をする程度の英語力は身につくはずだと書いたが、発展学習を含め、本塾のすべての課題に真面目（まじめ）に取り組んだとしたら、毎日勉強しても10年はかかる。2年や3年の修業でピアニストやバレリーナになれないのと理屈はまったく変わらない。退屈な訓練を毎日毎日続けた者のみが、高度な英語力を身につけることができるのである。

英語力は会話力にあらず

英文科卒だと言うと、「それじゃ英語はペラペラですね」と来る。英米に留学したことがありますと言うと、これまた同じ反応だ。そう言われるたびにいつも答えに窮してしまう。いったい、その「ペラペラ」とはどういう英語力なのか。

一つだけ確実に言えるのは、これが会話力を測る基準だということである。問題は、どの程度の会話力を意味するのかということだ。極端な話が、アメリカの3歳児は英語がペラペラだ。だが、完璧（かんぺき）な発音、完璧な抑揚で発せられる Mommy, I'm hungry「ママ、お腹空いた」がそんなに偉いのか？

第1章　入塾心得

　あるいは、英語圏への団体旅行の際にみんなを代表して値引きの交渉をする大学生を、人は「英語ペラペラ」と賞賛するだろう。突然の外国人客の到来に見事に英語で対応したブティックの店員は、「英語ペラペラ」な店員として語り継がれるかもしれない。

　そう考えれば、先の「何週間で英語ペラペラ」もまんざら誇大広告とは言い切れないかもしれない。つまり、その何週間かで身につく初歩的な会話力を「ペラペラ」と称するなら、たしかに「ペラペラ」になるのは不可能ではない。だが、そんな得体の知れない会話力が、日本人が目指す英語力なのだろうか。

　職業柄、大学院受験生の面接試験などに立ち会う機会がある。受験生のなかには、英文科卒や英語圏への留学経験者も多い。ときには、実際に通訳として仕事をしている社会人もいる。個人差はあるが、研究計画に関する英語での面接にも、みなそこそこ器用に対応する。ほとんど「ペラペラ」として括(くく)られるレベルだと言ってもいい。もちろん、観光客代表の「ペラペラ」よりははるかに高度な「ペラペラ」である。

　だが、そのような試験に合格して入学してきた学生のなかで、最初からきちんと英語の文献が読め、学界で通用するような英語を操ることができるのは、ほんの一握りである。あとはこちらが相当苦労をして指導しなくてはならない。つまり、「ペラペラ」程度の英語力だけでは、とても文化的・学術的な意思の伝達はできないということだ。

　英語達人の禅学者・鈴木大拙(だいせつ)の晩年の英語による講演

や談話を記録したテープやフィルムが残っている。その英語を聴いてみると、晩年ということもあってか、日本語なまりも強く、けっして流暢ではない。しかしながら、話している一文一文の正確さ、内容的な密度は驚嘆に値する。おそらく、そのまま書き起こしても、立派に禅の入門書になるであろう。これが世界に影響を与えた日本人の英語なのである。大拙は、若い時分からの英語修業、仏典の英訳、英語での仏教書の執筆を通じ、書き言葉のように正確に話し言葉を操る技を身につけた。放送大学の英語番組の取材に応じてくれたアメリカ人の禅僧によれば、大拙ほど高度な英語を操ることのできる人間は母語話者のなかにもそう多くはないという。

　たしかに英語は話せるに越したことはない。だが、ただ小器用に「ペラペラ」しゃべることだけに憧れていたのでは、本当の英語力は身につかない。文法や読解を含めた、地道で総合的な学習が必要になるのである。

目的意識

　英語という言語自体が多様化している現在、ただ漠然と英語を勉強したいというだけでは、なかなか効果的な学習法は見つからない。ただのマニア的な関心で英語を勉強する人がいてもいいが、多くの場合、翻訳家になりたいとか、外交官になりたいとか、あるいは国際学界で自分の研究を発表したいとか、そういう明確な動機が英語学習の大きな推進力となる。英語学習の目的をはっきりさせることで、おのずとそれに適った学習法が決まってくる。

たとえば、翻訳家になりたいというのであれば、話したり聴いたりする訓練より、難しい英語を正確に読み、それをわかりやすく、かつ味わいのある日本語に翻訳する訓練を優先させるべきであるし、国際学界での研究発表にねらいを定めるなら、学術的な英作文（academic writing）と口頭発表の技術に重点を置かなくてはいけない。まずは、自分がどのような英語力を必要としているのかをきちんと見定めていただきたい。

もちろん、本塾はすべての英語学習者の目的に適った学習法を網羅的に紹介するわけではない。だが、何度も言うように、いかなる技芸の修得に際しても、学び方の基本は同じである。基礎的な英語力を身につけ、その基本を踏まえた学習を継続していけば、かならずそれぞれの目的に適った英語力を身につけることができる。

勉強量は目標から逆算して割り出す

先ごろ、大学での授業を終えて教室を出ようとしていると、一人の新入生が神妙な面持ちで質問にやって来た。授業に臨む前にどのくらい予習をすればいいのか、その目安を知りたいとのことであった。新学期ということもあって、こちらもまだその学生の英語力を把握していない。そもそも教科書の英文がどのくらい読めているかをこちらから質問してみたところ、一読しただけではほとんど意味が取れないという。それがわかれば話は簡単だ。意味が取れるまで読むこと、それが君に必要な予習の量だと僕はその学生に伝えた。学生は、目から鱗が落ちたとでも言わんばかりの納得顔で帰っていった。

これは禅問答でも何でもない。当たり前の教訓である。当たり前でありながら、意外に知られていない教訓でもある。語学にかぎらず、自分がなすべき努力の量は、現在の実力と目標から、いわば方程式によって割り出すべきものなのだ。これを知らずに、1日何時間勉強をするべきだとか、1日練習を休んだら3日遅れるなどということをお題目のように唱える人がいる。この発想では駄目だ。

　たとえば、ひと月先にピアノの発表会があるとする。いつになく準備が遅れていて、まだ譜面を見ながら1、2回さらっただけだとしよう。演奏曲目も自分にとってはなかなかの難曲だ。さて、これから発表会までどのくらい練習をすればいいか。1日1時間、2時間練習しても、間に合わなければ何の意味もない。ひと月先の発表会で完璧な形で披露することが前提になっているのだから、そこで完璧に弾けるだけの練習量をこなさなくてはならない。

　本塾の塾生の多くは、英語達人のレベルを目指しているはずである。あるとき、難文でつづられた原書と出会ったとしよう。それが出版されているということは、それを読む母語話者がいるということだ。英語達人とは、少なくとも読解力や作文力においては並の母語話者と同等以上の英語の使い手のことであるから、その本の文章がわからないとすれば、まだまだ達人にはほど遠いことになる。だが、英語達人になることが目標であるならば、そこを前提とするならば、なすべきことはただ一つ。そのような難文が読みこなせるようになるまで、辞書を片

手にひたすら読む。

　以下の章の学習課題において、便宜上、学習量に関する指針が示されていることがある。だが、それは一つの目安であって、自分に必要な勉強量は、あくまで自分の実力と目標を元に自分で割り出してほしい。それでは、これからさっそく実際の学習に入っていただく。

Chapter Two
Vocalization

第2章
音読
新渡戸稲造に学ぶ

宿命？

　日本人にとって英語の発音は難しい。理由はきわめて単純。日本語と英語の音韻体系がまったく違うからである。逆に、たとえば朝鮮語になると、音韻体系が日本語に近い分だけ、西洋人よりもはるかに早く、楽にその発音を習得することができる。

　つまり、日本人がうまく英語を発音できないのは、いわば宿命的なものである。学校教育が悪いせいでもなければ、意思の疎通を図ろうとする態度が不十分だからでもない。

　こう言ってしまうと身も蓋もないが、もちろん、努力次第で英語の発音を身につけることは不可能ではない。英語の発音をよくするためのもっとも効果的な独習法は、英文の音読である。

　明治の英語達人・新渡戸稲造（下段参照）の随筆のなかに、彼自身が実践した英語の発音の矯正法が書かれている。我々にとっても大いに参考になるものなので、次

●新渡戸稲造　1862〜1933

　盛岡生まれの教育家、農政学者。東京外国語学校、札幌農学校を卒業して東京大学に入学するが、そこでの勉強に飽き足らず、米独に留学。アメリカ婦人と結婚して帰国したのち、札幌農学校教授、京都帝大法科大学教授、第一高等学校校長、東京帝大法科大学教授、東京女子大学初代学長、国際連盟事務局次長などを歴任する。

　新渡戸は札幌農学校在学当時から抜群の英語力を誇り、18歳にして難文で鳴るカーライルの『サーター・レサータス』を読みこなしていた。彼が37歳のときに出版した『武士道』は、日本人の手になる英文名著の一つに数えられる。国連次長時代には、演説の得意でないイギリス人事務総長の代わりに欧州各地で講演を行なった。

第2章 音読——新渡戸稲造に学ぶ

にその一節を引用しておく。

> 私は英語を習ふ時分によいことを聞いた。私が亜米利加(メリカ)へ行つた時、どうも君はオーの字が出ない。それを稽古(けいこ)しよう。どうしたらよからう。咽喉(のど)の奥から声を出すやうな、短い文章を暗記しろ。そんなものがあるか。これがよいといつて教へられたのが二行か三行の詩である。暫(しばら)くやらないから、以前より下手になつたが、オシアンといふ愛蘭(アイルランド)の詩人の書いた、太陽を歌つた詩がある。
> 　おゝ汝(なんじ)　廻転してゐる大きな玉よ　太陽よ
> 　汝の光線はどこから来たものか
> 　汝の光線の源(もと)は限りなく　その泉はどこにあるか
> といふやうな、大きな思想の盛つてある詩であつた。二、三行で尽きてゐる。それを何度も何度も、お̇う̇お̇う̇と練習する。だんだん調子がわかつて来る。今日の私の発音では美文とも思はれまいが、それを何度も繰返すうちに、ハハア英語には、こんなところに上り下りがあるものだといふことがわかる。
>
> 　　　　　　　　　　　　　（「英語及び英文学の価値」）

新渡戸が暗唱したという詩行は、厳密にはジェイムズ・マクファーソンという18世紀のスコットランドの詩人が、伝説のゲール人詩人オシアンの訳詩と称して発表した自作（James Macpherson, *The Poems of Ossian*, 1773）の一部で、その原文は次のようなものである。

> O thou that rollest above, round as the shield of my fathers!
> Whence are thy beams, O sun! thy everlasting light?

　たった一つの母音の発音を矯正するためだけにこれだけ格調高い英語を暗唱するところなど、さすが新渡戸稲造である。この詩行を新渡戸にならって「おうおう」繰り返すのもいいが、これだけ音読したからといって全体的に英語の発音がよくなるわけではなく、現代の英語学習者にとっては詩文自体がやや古めかしくて学習教材としての発展性に乏しい。そこで、現代風に改良した音読法をこれから実践していただく。

発音記号を覚える

　英文を音読するといっても、ただ声を出して読めばいいというものではない。教室で学生に文章を読ませたりすると、大学生にもなって音読をさせられることに対する反発や照れもあるのか、「アイ、ライクゥ、ザ、ウェイ、ヒー、トークスゥ、アバウトォ、ヒズゥ、ペアレンツゥ」といった具合に、わざと子音のあとの母音を強調しながらカタカナ発音で読む学生がいるが、こんな読み方をしていたのではいつまでたっても発音はよくならない。まずは一つ一つの単語を正確に発音する練習を心掛けてほしい。

　単語を正確に発音するためにどうしても覚えておかなくてはならないのが発音記号である。日本人は、英語を発音するとき、どうしてもカタカナの音に引きずられて

第 2 章　音読――新渡戸稲造に学ぶ

しまう。たとえば、about、ant、art、out、up という英単語は、カタカナで書けばアバウト、アント、アート、アウト、アップとなるが、ここで「ア」と表記された部分の元の発音はそれぞれまったく違う。

　about の発音は/əbaut/。頭の/ə/は、通例「弱母音」と呼ばれる曖昧(あいまい)な音で、あえて日本語の音声との関係で説明すれば、少しだけ口を開けて小さく発音した/ア/の音に近い。ただし、前後にほかの音が来ると、また別の母音に聞こえたりもするので注意を要する。母音でありながら、/ア/、/イ/、/ウ/、/エ/、/オ/のどれとも違う曖昧な音、というような説明がなされることもある。ant の冒頭の/æ/は、慣例的には/ア/と/エ/の中間の音として説明される音。発音するとき、咽頭(いんとう)がやや緊張する。art の最初の音は/ɑ/。口を大きく開け、/ア/よりも舌の位置を低くして、口の奥のほうで発音する。次のout は、カタカナで書けば「アウト」と 3 音になるが、「アウ」に相当する部分の元の音は、about の後半部にも出てくる/au/という一つの二重母音である。/ア/のあたりから、/ウ/よりも少し唇を丸めた感じで発音する/u/の方向に移動する。最後の up は/ʌp/と発音する。この/ʌ/という音は、イギリス英語とアメリカ英語でも微妙に違うが、/ア/よりも少しだけ咽(のど)の奥で発音する。

日本人が苦手とする子音の発音

　子音の発音の違いにも注意しておきたい。とくに注意を要するのが/l/と/r/の区別。いずれも日本語のラ行の音に変換されてしまうため、日本人がとりわけ混乱しや

すい音である。したがって、ここでもカタカナの音に引きずられると、とんでもない間違いを犯すことになる。

たとえば、日常的によく見かける「フリーマーケット」という言葉を英語で書いてもらうと、7、8割の日本人が free market と書く。これだと、「(自由競争によって価格と数量の決まる)自由市場」の意味になってしまう。各自が不要になった品々を持ち寄って開くフリーマーケットは、flea market「蚤の市」である。日本語の音韻体系には存在しない /l/ と /r/ の混同、そこにさらに古

［英語の早口言葉］

音読しなければ意味のない文章に早口言葉 (tongue twister) がある。代表的な英語の早口言葉を四つ記しておくので、塾生諸君も発音練習のつもりで音読していただきたい。

まずは、/l/ と /r/ の発音に関わるもの。じつを言うと、/l/ と /r/ は母語話者にとって区別しにくい音ではないため、この二つの音を中心とした早口言葉は意外に少ない。ここでは、母語話者の発音練習にも使われるという Truly rural (本当に田舎の) という句を挙げておく。

次に、/s/ と /ʃ/ の音を中心とした早口言葉。英語の早口言葉のなかでも代表的なもので、僕も授業中に /s/、/ʃ/ がうまく読み分けられない学生を見つけると、授業を中断してこれを言わせることにしている。ときに教室が盛り上がって、なかなかいい気分転換になることもある。

She sells seashells on the seashore.

前置詞が by になっていたり、全体が Shall she sell で始まる疑問文になっている変異形もあるらしいので、発音練習として読む場合には、自

第 2 章 音読──新渡戸稲造に学ぶ

物市の安い価格設定と、「自由な」、もしくは「ただの」の意味の free の連想が重なって、多くの日本人がその本来の意味を取り違えているようだ。

　もう一つ、/s/ と /ʃ/ もしっかりと区別してほしい。/s/ は /サ/、/ス/、/セ/、/ソ/ の子音とほぼ同じだが、/ʃ/ は、/シ/ の子音をさらに強くしぼり出すように発音する。この二つの音は、うしろに短母音の /i/ もしくは長い母音の /i:/ が来る場合、いずれもカタカナでは「シ」と表記されるため、混乱が生じやすい。きちんと発音できる

COFFEE BREAK＊1

分の好みの形を用いればいいだろう。これではやさしすぎるとご不満の塾生のために、一番言いづらいとして『ギネスブック』の認定を受けた早口言葉を紹介しておく。

　The sixth sick sheik's sixth sheep's sick.

「6人目の病気の（イスラム教国の）族長の6頭目の羊は病気である」の意。sheik には /ʃiːk/ と /ʃeɪk/ の二つの発音の仕方があるが、この早口言葉では前者を用いる。/s/ と /ʃ/ の音に th の /θ/ の音が絡むので、普通の速度で読んだとしても、最後までたどり着けたら大したものだ。

　最後に、イギリスの伝承童謡が元になった有名な早口言葉を掲げておく。発音自体はさほど難しくないので、10秒という制限時間つきで音読に挑戦していただきたい。

　Peter Piper picked a peck of pickled pepper;
　A peck of pickled pepper Peter Piper picked;
　If Peter Piper picked a peck of pickled pepper,
　Where's the peck of pickled pepper Peter Piper picked？

人にとっては何でもないようだが、教室で学生に英文を読ませたりすると、一つのクラスにかならず数人は seat/sheet、see/she、sift/shift、sip/ship、などの区別ができない学生がいる。聞いてみると、中学や高校で音読の指導を受けていない場合が多い。

大学の授業で/s/と/ʃ/の発音練習などをするのは、学生本人はもちろん、教師にとっても恥ずかしいものだが、先々恥をかくよりは（He is sitting there と言ったつもりで sitting を/ʃɪtɪŋ/と発音したらえらいことになる。'shit' の意味を知らない人は、辞書で確認のこと）、いま一時の恥だからと言って、授業を中断して発音を矯正することにしている。

発音記号の確認

上で解説した以外にも、英語には多くの母音と子音があり、それらを表わすために慣例的に用いられている発音記号がある。それについては、各自、辞書を引いて確認していただきたい。また、それぞれの記号がそもそもどのような音を示すのかがわからない場合は、第10章で解説する視聴覚教材を用いた学習の際に発音を割り出す手がある。発音解説の際によく用いられる横顔の断面図は、意外に助けにならない。やはり実際の音を聴くに限る。

たとえば、ある音声教材のなかに utterance という言葉が繰り返し出てきたとする。辞書でその発音を調べてみると、/ʌtərəns/ もしくは/ʌtrəns/ と表記されているはずである。今度は、その記号を見ながら何度も発音を確

認してみれば、/ʌ/とほかの母音の違いがわかる。同じようにして、ほかの母音や子音についても、視聴覚教材を積極的に利用すれば、発音の仕方などをかなり正確に割り出すことができる。

ただし、同じ単語でも話者や地域、さらには構文や文脈によって発音が異なる場合がほとんどなので、それぞれの発音を一義的に割り出すのは容易ではないが、発音記号を参考にしながら英語を読んだり聴いたりしているうちに、標準的な英語の発音がわかるようになる。

★発展学習
自分の持っている英語辞書の凡例中、発音記号が解説してある部分を一読し、必要とあらば視聴覚教材を用いて、それぞれの記号がどのような音を表わしているのかを確認しなさい。辞書によっては、使用している記号が上で解説したものと異なる場合があるので注意すること。

強勢(アクセント)の位置を確認する

英単語を正しく発音するためには、発音記号を覚えるだけでなく、強勢の位置を確認しておく必要がある。つづりがまったく同じでも、強勢の位置次第でまったく違う単語になってしまう場合があるからだ。もちろん、強勢の位置に応じて単語全体の発音が微妙に異なる場合が多い。

僕自身の失敗談を例に取ろう。アメリカに留学していたときのこと、英文学の授業で教師から指名され、小説の登場人物に関する質問を受けた。具体的な内容は忘れてしまったが、僕はその登場人物が病身であることを説明しようとして invalid という言葉を使った。すぐさま教師に聞き返されたので、声が小さかったかと思いつつ、大きな声でもう一度 /ɪnvǽlɪd/ と発音した。教師はしばし考えたのち、もう一度言ってみろと言う。このあたりで何かおかしなことを言ってしまったと悟ったけれども、いまさら引っ込みがつかないので、仕方なくもう一度同じ単語を発音した。すぐさま教師は納得した様子で、'Oh, you mean "invalid /ínvələd/"!'「それを言うなら (/ɪnvǽlɪd/ じゃなくて) /ínvələd/ でしょ！」と言った。

　英語辞書で invalid と引くと、おそらくほとんどの場合、このつづりで invalid¹ と invalid² の二つの単語が記載されている。invalid¹ は、さらに「病身の、病弱者用の、不良の」の意の形容詞、「病人、病弱者」の意の名詞、および「病弱にする（なる）」の意の動詞に区分される。僕が使おうとした単語は、このうち形容詞の意味の invalid だ。一方、invalid² は、「価値のない、効力のない、妥当でない」の意の形容詞。

　このように、いまでは二つの単語として記載されることの多い invalid だが、元はと言えば、いずれも valid という形容詞に否定の接頭辞の in- がついたものだ。「強健な、健康な」という古い意味の valid に in- がついたものが invalid¹、「妥当な、有効な」という一般的な意味での valid に in- がついたものが invalid²。僕は、語のもっとも

重要な意味を担った語幹が valid であるとの思い込みからそこに強勢を置いて発音したのだが、そのために invalid[2] になってしまって、登場人物の説明として意味を成さなかったのである。

このほかにも、まったく同じつづりの単語でも、強勢の位置によって意味や品詞が変わってしまう場合がある。単語の発音を調べるときには、発音記号だけでなく、どの位置（より専門的に言えばどの音節）に強勢があるかを確認する習慣をつけてほしい。ただし、同じ単語でも複数の強勢パターンが存在する場合があるので注意すること。

★発展学習

次の1～15は、つづりが同じで強勢の位置（強勢記号〈´〉で示してある）が違う（それと呼応して発音も微妙に違う）単語の組み合わせである。それぞれの組について、(a)と(b)の単語がどう違うのかを辞書で確認しなさい。

1.　(a) ádvert　　　(b) advért
2.　(a) áttribute　　(b) attríbute
3.　(a) cónduct　　(b) condúct
4.　(a) cóntent　　(b) contént
5.　(a) dígest　　　(b) digést
6.　(a) éntrance　　(b) entránce
7.　(a) fórearm　　(b) foreárm

8.	(a) ímpact	(b) impáct
9.	(a) ímpress	(b) impréss
10.	(a) óbject	(b) objéct
11.	(a) óverall	(b) overáll
12.	(a) óverlap	(b) overláp
13.	(a) présent	(b) presént
14.	(a) próject	(b) projéct
15.	(a) rétake	(b) retáke

ゆっくりと音読する

　英語の音声要素には、個々の単語の発音と強勢だけでなく、抑揚(イントネーション)というものがある。ただし、抑揚は構文や文脈に左右されるものなので、ここで一義的に論じることはできない。あとで解説をする視聴覚学習などの際に経験的に学んでいただきたい。ここでは、とりあえず文章をゆっくりと音読する学習法を解説しておく。

　個々の単語の発音に注意する癖がついたら、あるまとまった文章をゆっくりと音読するのがよい。たとえば、本章の最後で一読してもらう段落の冒頭の一文 'It was around that same time—that same summer—when certain aspects of Akira's behaviour began seriously to irk me' をゆっくりと読んでみる。早口でさっと読むと、何となく英語らしく読めたような気になるかもしれないが、ゆっくり読んでみると、英語になりきっていない部分が耳について、自分の発音の癖がわかる。

　注意点としては、まず around と aspect の出だしの音

第2章　音読——新渡戸稲造に学ぶ

の違い。ゆっくりと発音すると、日本人は例によってついついカタカナに引きずられて/ア/の音を出してしまうのだが、around/əráund/の出だしは、どんなにゆっくり読んでも、先に解説した強勢のない曖昧弱母音の/ə/である。一方、aspect の頭は、強勢のある/æ/。まったく違う音なのだ。

ちなみに、ここに出てくる Akira は日本人の登場人物なので、/アキラ/と発音してかまわない。余談として言っておけば、英語の母語話者相手に自己紹介をするときなど、最初から日本の地名や自分の名前を英語読みする日本人がいるが、これなどはサービスが過剰であるどころか、間違った情報を伝えていることになる。まずは正しい日本語の発音を教え、相手が聴き取れなかった場合にのみ英語の音に変換すればいい。

本筋に戻ろう。上の文をゆっくりと読む際、summer/sʌmə(r)/ と certain/sə́(r)ːt(ə)n/の発音にも注意しておきたい。出だしの音はまったく違うが、いずれもカタカナでは「サ」と表記されるために、日本人には区別しにくい音である。とくに後者および同じ文中のirk/ə́ː(r)k/に含まれる/ə́ː(r)/という長母音は、イギリス英語とアメリカ英語でもかなり違う（アメリカ英語では、/r/という、舌を巻き気味にして出す音が加わる）が、/アー/と/ウー/の中間のような感じの曖昧な音で、日本人には発音が難しい音の一つである。しっかりと発音練習をしてほしい。

それでは、いままで述べたことに気をつけながら、次の文章を一度ゆっくりと音読していただきたい。

It was around that same time—that same summer—when certain aspects of Akira's behaviour began seriously to irk me. In particular, there was his endless harping on the achievements of the Japanese. He had always tended to do this, but that summer things seemed to reach obsessive levels. Time and again my friend would bring to a stop some game we were playing just to lecture me on the latest Japanese building being erected in the business district, or the imminent arrival of another Japanese gunboat in the harbour. He would then oblige me to listen to the most minute details and, every few minutes, his claim that Japan had become a 'great, great country just like England'. Most irritating of all were those occasions on which he would try to start arguments about who cried the easiest, the Japanese or the English. If I spoke up at all on behalf of the English, my friend would immediately demand we put things to the test, which meant in practice his putting me in one of his dreadful arm-locks until I either capitulated or gave in to tears.

第2章 音読——新渡戸稲造に学ぶ

★発展学習
毎日1回、最低でも200語程度の英文をゆっくりと音読しなさい。発音がわからない単語があったら、かならず辞書で確認すること。

Chapter Three
Reading Aloud

第3章
素読
長崎通詞に学ぶ

外交語学のプロ集団

　かつて日本には、主にオランダ人や中国人との交渉事務を担当する「通詞」(つうじ)(下段参照)と呼ばれる人たちがいた。まさに外交語学のプロ集団である。この人たちの一部が、1808(文化5)年のフェートン号事件(イギリス軍艦の長崎港侵入・狼藉(ろうぜき)事件)を機に、主に国防上の理由から、いきなり英語学習を命じられた。

　とはいえ、もとから英語教材があるわけではなく、日本中探しても英語の母語話者などどこにもいない。そのような状況のなか、本木庄左衛門(もときしょうざえもん)というオランダ通詞は、代々家に伝わる蘭英対訳の学術書などを参考にしながら、何とたった2年で10巻から成る英語の手引書を完成させた。

　幕末の英語担当通詞・森山栄之助(もりやまえいのすけ)は、彼がはじめて出会った英語の母語話者ラナルド・マクドナルド(利尻島(りしり)に漂着したアメリカ人)を驚嘆させるほど英語がうまく、黒船来航の際にも通訳として大活躍した。また、もともとオランダ通詞であった堀達之助(ほりたつのすけ)は、黒船来航の際には

●長崎通詞

　鎖国時代に長崎でオランダ人・中国人相手の事務折衝に当たった、長崎奉行の配下の通訳兼商務官。江戸末期には、オランダ通詞、唐(とう)通事ともに百数十人を数え、オランダ通詞の一部が英語も担当した。格付けとしては、稽古通詞、小通詞末席、小通詞並、小通詞助役、小通詞、大通詞などがあり、職務はおもに世襲制によって受け継がれた。オランダ通詞の家として名の通ったものとして、本木、西、肝付、石橋、名村、志筑、楢林、加福、今村などの諸家がある。オランダ通詞たちが鎖国時代の西欧文化受容に果たした役割は大きく、また彼らの蘭学・英学に対する貢献は計り知れない。

首席通詞として活躍し、のちに『英和対訳 袖珍辞書』(しゅうちん)（1862年）を出版した。

英語教材などはほとんど存在せず、母語話者と接する機会も希少であった鎖国時代、彼ら長崎通詞たちはどうやってそこまで高度な英語力を身につけたのか。やはり通詞の家に代々伝わる語学学習法が効果的だったと考えるのが自然であろう。

堀達之助のひ孫にあたる堀豊彦の述懐によれば、彼は5、6歳になると祖父・孝之の前に正座をしてオランダ語と英語の素読(そどく)を行なったが、「武家が幼児に漢文の素読を授けたのと同じように、これが長崎の和蘭(オランダ)通詞に伝わる家風であった」（堀孝彦『英学と堀達之助』p.354）という。本章では、この素読という学習法に注目してみたい。

読書百遍、意自(おの)ずから通ず

素読とは、意味や内容をあまり考えずに同じ文章を何度も音読することで、もともとは漢文の初学者向けの学習法であった。寺子屋で勉強をする子供たちが声をそろえて「子曰はく、学びて時にこれを習ふ、亦(また)説(よろこ)ばしからずや。朋(とも)あり、遠方より来(きた)る、亦楽しからずや」などと読んでいる図を想像するとわかりやすいだろう。

もとより寺子屋に通う子供たちが最初から『論語』など読み解けるはずもない。ただ何度も何度も漢文を読んでいるうちにそのリズムを身につけ、やがて内容を少しずつ理解していくことになる。まさに「読書百遍、意自ずから通ず」である。中世ヨーロッパのラテン語学習者

も、そのようにしてラテン語を学んだらしい。語学学習の基本の一つだと言ってもいい。

この素読という優れた語学学習法は、残念ながら明治以降ほとんど実践されなくなった。一つの理由としては、明治初期の欧化政策の一環として多数の外国人教師が雇い入れられたことが考えられる。英米人の英語による授業を受けるという学習形態が急速に広まったために、日本古来の語学学習の伝統がそこで途切れてしまったのである。

第二次世界大戦後になると、日本は形式主義的な教育を妙に毛嫌いするようになったから、生徒に同じ英文を何度も音読・暗唱させるような教授法は流行(はや)りようがない。最近では、さらに悪いことに、欧米で開発された擬似科学的な英語教授法が次から次へと紹介され、試行錯誤的に教育の現場に導入される。中学・高校の英語の先生方もさぞかし苦労していることだろう。

だが、どんなに時代が変わろうが、基礎的なことを何度も何度も繰り返して体のなかに練り込むという学習の基本は変わらない。その学習法の語学版が素読であり、暗唱なのである。

英語達人の岡倉天心と斎藤博もまた幼いときに素読を仕込まれている。面白いことに、いずれの場合も漢文の素読なのだが、その習練によって磨かれた語学感覚が彼らの英語学習を大いに促進させたと考えられる。

技芸としての英語
一般論から言えば、この学習法を実践するには若けれ

ば若いほどよい。だが、外国語学習はつねに母語習得に抵触する。最近、日本の英語教育学界では「バイリンガリズム」なる言語習得形態が注目されているようだが、それは両親がそれぞれ違う言語の母語話者であるとか、親の仕事の都合で日本と英語圏で半分ずつ生活するといった偶然によって発生するものであって、それを目指して教育するなどというのは本末転倒もいいところだ。日本で生活をする日本人はまずしっかりと日本語を習得すべきであり、本塾の塾生を含め、志のある人だけがその基礎の上に技芸としての英語を学べばいい。

したがって、日本語さえしっかりでき上がっていれば、若ければ若いほど素読・暗唱の学習効果は出やすいのだが、のちに解説する幣原喜重郎(しではらきじゅうろう)の例を見てもわかるとおり、成人してからでも十分に学習効果は望める。やる気さえあれば、中年を過ぎてからでも大丈夫だ。

僕自身、さすがに記憶力が落ちているから暗唱はままならないが、いまだに素読の訓練は欠かせない。つねにポケットにペーパーバックなどを忍ばせておいて、人のいないところで素読をする。筋の悪い英語を書く学生のレポートや論文の添削を終えたときは、口直しにいい英文を声に出して読む。内容などは二の次で、ただ英語の響きを楽しむ。これを習慣づけることが肝心なのである。英語のリズム、英語の「ノリ」を体で覚えてしまえば、英文の善し悪しは読んだときの調子でわかるようになる。

実践

素読といっても、基本的に要領は前章で解説した音読

と同じ。同じ文章を何度も繰り返し音読するだけである。ただし、何度も繰り返して読むというところが要点になるので、できればそれに足るだけの名文を教材として選んだほうがいいだろう。

　素読を実践する際には、本当なら寺子屋での授業のように、師匠が読んだあとについて、発音、強勢、抑揚に気をつけながら読むのが理想的である。本塾は自習塾なのでそのような状況を想定してはいないが、本文に対応した朗読テープやCDがついている印刷教材を持っている場合、その音声教材を寺子屋の師匠代わりに利用する手はある。もっとも、音声教材は、寺子屋の師匠と違って、いちいちこちらが文を読み終わるまで待ってくれないので、多少の工夫は必要になるだろう。

　たとえば、テープやCDを掛けて印刷教材を目で追いながら、朗読の声に合わせて軽く口を動かしてみる。それを何度か繰り返して文章のリズムがつかめたら、今度は一人で音読をする。そして、ときどき朗読の声を聞いてリズムを確認しながら素読を続けているうちに、英文の調子がわかるようになる。この学習法については、第10章であらためて詳しく解説する。

★発展学習
本箱や押し入れの隅で眠っている朗読テープ／CDつきの印刷教材があったら、それを利用して上記の学習法を実践しなさい。

第3章　素読──長崎通詞に学ぶ

　以下では、お手本なしで素読の練習をする。発音が難しいと思われる単語については、発音記号を付しておいたが、それ以外にも発音のわからない単語があったら、かならず辞書で確認すること。とりあえず、次の英文を2、3回音読していただきたい。構文や内容については次章で詳しく解説する。

　　I have no real memory of what either of us had been doing prior (/práɪə(r)/) to that moment. I had started to run up the stairs, eager to fetch something from the playroom, when I realised my mother had appeared at the top and was making her way down. She must have been about to go out, for she had on her special beige (/béɪʒ/) dress, the one that gave off a peculiar smell like mouldering (/móʊldərɪŋ/) leaves. I suppose I must have sensed something in her manner, for I stopped where I was on the third or fourth step and waited for her. As she came towards me, she smiled and reached out a hand. She did this while still a number of steps above me, so that I thought for a moment she was wishing me to assist her down the rest of the stairs, the way my father sometimes did when he waited for her at the foot of the staircase. But as it turned out, she simply put her arm around my shoulder and we descended the last steps together. Then she let go of me and walked over towards the hat-stand on the other side of the hall.

Chapter Four
Grammatical Analysis

第4章
文法解析
斎藤秀三郎に学ぶ

英語圏の人たち以上の英語力

　日本人として最高の達人レベルを目指して本塾に入塾された諸君は、最終目標とする英語力をどの辺に設定しておられるだろうか？　英語圏の人たちと同じくらいの英語力？　甘い、甘い。到達できるかどうかは別にして、その辺を目標にしていたのではとても達人にはなれない。

　もっとも、英語圏の人たちにもいろいろいる。もともと英語が母語でない人から、アナウンサーや英語学者まで、その英語力も千差万別だ。だが、立場を逆にして日本人の日本語力を考えてみればわかるとおり、少なくとも並の母語話者の母語能力など大したものではない。日常会話は流暢かもしれないが、文化的に高度なレベルでの読み書きとなると、ほとんどの人が苦労する。日本のかつての英語達人たちは、その高度な文化的レベルでの執筆や講演で見事な英語を操り、世界を感動させてきたのである。

　そのような英語達人の一人、明治から大正にかけて活躍した英語学者・斎藤秀三郎（下段参照）は、一度も海

●斎藤秀三郎　1866〜1929
　英語学者。仙台藩士の長男として仙台に生まれ、5歳で藩の英学校・辛未館に入学、さらに宮城英語学校で学んだのち、東京大学予備門を経て工部大学校に入学するが、3年で中退、仙台に帰って私塾を開く。19歳で仙台英語学校を創設、さらに第二高等学校助教授、岐阜中学校教授、名古屋第一中学校教授、第一高等学校教授として英語を教え、1896年、神田に正則英語学校（現正則学園高等学校）を創設する。斎藤は、正則英語学校での教授のかたわら、自ら「イディオモロジー（idiomology）」と名づけた日英の熟語や慣用表現の比較研究を推し進め、また精力的な執筆活動を行なった。

第4章　文法解析──斎藤秀三郎に学ぶ

外に出たことがないにもかかわらず、正則(せいそく)英語学校に外国人教師を雇い入れるときにその英語力を自ら試験した。イギリスの劇団が来日し、下手なシェイクスピア劇を演じようものなら、「てめえたちの英語はなっちゃいねえ」と英語で一喝したという。彼はまた、『熟語本位英和中辞典』『斎藤和英大辞典』などの珠玉の英語辞書をはじめ、二百数点にも上る著作を残した。

とくに注目すべき著作としては、品詞に即して英文法を解説した『実用英文典』がある。斎藤の死後に出版された1064ページもの分厚い合本がいま手元にあるが、その質の高さに驚くばかりである。母語話者でも知らないと思われる文法事項が詳述されており、普通の学者ではこれをまとめるだけでも生涯の大仕事だろう。斎藤は、この大著によって日本における学校英文法の基礎を築いたと言われている。

文法・読解の訓練が不十分だった

学校英文法などというと、何か役に立たないものの代名詞のように悪(あ)し様(ざま)に評されることが多いけれども、文法の学習なくして外国語の上達はあり得ない。最近では、日本の英語教育低迷の原因が従来の文法・読解中心の授業にあるとの間違った認識に基づいて、文法的な間違いを恐れずに自己表現をせよ、というような、学習の基本に反する指導法が好まれる傾向にあるようだが、これは日本の英語教育にとってまことに嘆かわしきことである。

従来の文法・読解中心の教育が（少なくとも一般的な英語学習者にとって）効果を上げなかったとすれば、そ

れは文法・読解の訓練が不十分だったからである。日本語と英語が構造上まったく異なる言語である以上、並の日本人が週に5、6時間程度の授業を10年間受け続けたって、不自由なく英語を使いこなせるようにはならないのだ。

したがって、高度な英語力を身につけようと思ったら、最低でも伝統的な学校英文法をきちんと勉強しておく必要がある。教材の選び方は、あらためて第12章で解説するが、もしも昔買ったまま本棚や押し入れで眠っている英文法の参考書などがあるなら、ぜひそれを引っぱり出して通読していただきたい。

★発展学習
大学受験レベル以上の英文法の学習参考書を、最初から最後まで3度通読しなさい。とくに日本人が苦手とする冠詞と前置詞の用法については、しっかりと解説を読んでおくこと。

文法解析

それでは、第3章の最後に読んだ文章を例にとって、文法に即して英文を精読するときの目のつけどころなどを解説してみたい。

この辺で種を明かしておけば、第2章、第3章で読んだ英文は、いずれも日系イギリス人作家カズオ・イシグロ（1954～）の『わたしたちが孤児だったころ』（Kazuo

第4章　文法解析——斎藤秀三郎に学ぶ

Ishiguro, *When We Were Orphans*, 2000) から取った。この小説の英文を英語独習用の例文として選んだのは、語りの文体が比較的口語に近く、実用会話にも役立つと思われるからである。

この小説は、主人公のイギリス人探偵クリストファー・バンクスが、自分の人生のなかで起こった謎に満ちた出来事を一人称で回想していく仕立てになっている。第3章の引用箇所は、彼の幼少期における父親失踪直後の自宅での出来事を描いている。

まず1文目から見てみよう。I have no real memory of what either of us had been doing prior to that moment.「そのときまで二人が何をしていたのかは、まったく覚えていない」。まず、I have no memory は、「記憶を持っていない→記憶にない、覚えていない」の意。物語の文章なのに have と現在形になっているのは、語り手たる主人公がこの物語を語っている現在の時点で「覚えていない」からである。何を覚えていないかというと、of 以下、すなわち関係詞 what に導かれた名詞節（「節」が何かわからない場合は、文法の参考書で確認のこと）のなかの内容を覚えていないということ。

それで、what 以下だが、what either of us had been doing、直訳すれば「我々（ここでは主人公自身とその母親）のいずれもが何をしていたのか」、そして prior to that moment「その時点（主人公と母親が階段の下で父親の失踪についての話をした時点）より前に」となる。prior to...「〜より前に、〜より先に」という慣用表現も、こ

の機会に覚えておいていただきたい。節のなかで過去完了形が用いられているのは、回想をしている主人公が、過去のある時点 (that moment) に至る、さらに前の状況に言及しているからである。

次に2文目。I had started to run up the stairs, eager to fetch something from the playroom, when I realised my mother had appeared at the top and was making her way down.「遊戯室から何かを取ってこようとして階段を駆け上がりはじめたとき、母親が階段の上に現われ、階段を下りてこようとしているのに気がついた」。全体としては、〜し（てい）たら when 以下になった、という意味の複文（これも、何のことかわからない場合は、単文、重文、混文とともに文法書で確認のこと）。

途中に挿入された eager to fetch something from the playroom（直訳すれば「遊戯室から何かを取ってくることを切望して」）の部分は、「私」が階段を駆け上がったことにまつわる付帯状況を表わしている。従属節のなかの my mother から最後の down までは、realised「気がついた、認識した」の目的語に相当する名詞節。そのなかで had appeared、was making her way down と時制がずれているのは、「私」が気づいた時点ですでに母親はそこに姿を現わしており、同じ時点において階段を下りつつあるからである。ここでは、make one's way「進む、行く」という慣用句を覚えてほしい。

3文目はどうだろうか。She must have been about to go

out, for she had on her special beige dress, the one that gave off a peculiar smell like mouldering leaves.「外出をするところだったのだろう、母は薄い（ベージュ）とび色のよそゆきを着ていた。落ち葉のような独特の匂（にお）いを放つあのドレスである」。ここではまず、must＋完了形の「〜であったに違いない」の意味に注意。直後の be about to do「まさに〜しようとして（いる）」の用法も、あらためて確認しておくこと。

コンマの次の for は、ここでは「外出をしようとしていたに違いない」と判断する根拠を導く接続詞として用いられているのだが、これについては次節で詳述する。それで、なぜそう判断したかというと、直訳すると「彼女の特別なベージュのドレスを着ていた」から。ここでの on は、「身につけて」の意味の副詞。

次の the one（＝the dress）以下は、her special beige dress と同格。that が関係代名詞だから、mouldering leaves「朽ち果てた葉っぱ」のような a peculiar smell「独特の匂い」を gave off「放った」ところのあのドレス、ということになる。

4文目を見てみよう。I suppose I must have sensed something in her manner, for I stopped where I was on the third or fourth step and waited for her.「私は母の態度に何かを感じ取ったに違いない。私は三段目か四段目で足を止めたまま、母が下りてくるのを待っていた」。まず、全体はコンマを境に大きく二つに分かれる。さらに、前半部のうち、I must have sensed something in her manner

がsupposeの目的語の役割を果たす従属（名詞）節になっている。前半部を直訳すると、「私は、私が彼女の態度に何かを感じ取ったに違いないと思う」となる。自分の知覚に対して断定ができないのは、幼少期の体験だけに記憶があやふやなせいである。

　そして、自分が何かを感じ取ったに違いないと判断する根拠を導くのが、さっきと同じく次節で詳述することになる接続詞のfor。すなわち、何も感じなければそのまま階段を上がっていったであろうに、I stopped ... and waited for her「立ち止まり……母を待っていた」ことから逆算して、何かを感じたに違いない、と言っているのだ。接続詞のwhereは、「私」が立ち止まった場所を示すために用いられている。すなわち、where I was on the third or fourth step、直訳すれば「私がいた三段目か四段目の位置に」となる。

　5文目はさほど難しくはないだろう。As she came towards me, she smiled and reached out a hand.「母はこちらに下りてくるときに、にっこりと笑って片手を差し出した」。文頭のasは、「～しているときに、～しながら」という意味を表わす従属接続詞。したがって、全体は複文構造になっている。主節中のreachは、「出す、差し出す」という意味の他動詞である。

　6文目はちょっとややこしい。She did this while still a number of steps above me, so that I thought for a moment she was wishing me to assist her down the rest of the stairs, the way my father sometimes did when he waited for her at the foot of the staircase. 「まだ何段も上にいるうちにそんなことをするものだから、一瞬、残りの階段を下りるに当たって手を取ってほしいのかと思った。階段の下で母を待っている父が、ときどきそんな風にして母の体を支えたものである」。最初の She did this は、上の文の she (smiled and) reached out a hand を指している。

次の while は「〜の間、〜する間に」の意の接続詞。それに導かれる部分は、頭に she was を補って、節として考えるとわかりやすい。すなわち、while she was still ... above me「彼女がまだ私の上にいる間に」ということであり、途中の a number of steps「何段も」が副詞句としてどのくらい上かを示している。

それに続く接続詞句の so that には注意を要する。学校文法などで、「〜が〜するように（できるように）〜」の意味の so that ... may (can)... の構文はよく習うけれども、結果を導く「したがって、だから」の意味の so that は意外に盲点になりやすい。この機会に覚えておくといいだろう。その so that に導かれた節の中では、I が主語、thought が述語動詞、for a moment がそれにかかる副詞句、she から stairs までが thought の目的語に当たる名詞節となっている。

それで、「私」の思考の中身を説明しているその節の構文を説明しておくと、she was wishing me to ...「母は私に……してほしがっている」、assist her down the rest of the stairs「彼女を支えて残りの段を下りることを」となる。問題は、次の the way の用法である。これは、ただ

の「仕方、やり方」というだけの名詞ではない。接続詞的に節を導いて、「～のように」の意味を表わす。ここでは、the way my father sometimes did「(ちょうど)父がときどきやっていたように」の意味となる。did は、もちろん assisted her down the rest of the stairs の省略形である。節後半の when 以下はとくに解説の必要はなさそうだが、foot に「(山の)ふもと、(階段などの)最下部」の意味があることは確認しておいていただきたい。

次に7文目。But as it turned out, she simply put her arm around my shoulder and we descended the last steps together.「だが、結局母はただ私の肩に手を回し、残りの段を二人で下りていった」。文頭の But は、片手を差し出した母親の意図に関する前文の内容を受けての逆接の等位接続詞。「～と思ったが、実はこうだった」という流れになる。

次の as it turned out は一種の慣用表現。turn out は、主に仮主語 it の述部となって、「(～ということが)わかる、(～ということに)なる」という意味を表わす。It turns out that ...で、that 以下のことがわかる、結局 that 以下のようになる、の意となる。ここでの as it turned out は、「結局そうなったように」の意味であり、it は次の she 以下の内容を指している。she 以下は、さほど難しいところはないだろう。the last steps は、2人が下にたどり着くまでの残りの階段のことである。

最後の文を見てみよう。Then she let go of me and

第4章　文法解析——斎藤秀三郎に学ぶ

walked over towards the hat-stand on the other side of the hall.「それから母は私を放し、玄関の反対側にある帽子掛けのほうに歩いていった」。まず、慣用句としてのlet go（of ...）「（～を）手放す」を覚えておいてほしい。ただし、本文中のletは過去形であることに注意すること。動詞のletは、過去形、過去分詞形ともに同じ形をしている。

　それから、walked over towards ...のoverは、「越えて、横切って、通って」などの意味を表わす副詞。If you come over to Japan, do get in touch with me「日本に来ることがあったら、ぜひ連絡してくれ」のoverと同じである。母親は、階段を下りたところで「私」の肩に回していた手を放し、一人で玄関の広間を横切って帽子掛けのほうに向かっていったのだ。

　イシグロの英文を文法的に細かく分析してきたが、もちろんつねにこんな読み方をしていたのでは多量の英文をこなすことはできない。英語力を養うには、第7章で解説するとおり、とにかくたくさんの原書を読むことも必要である。だが、文法を正確に知っているのといないのとでは、文章の理解度がまったく違う。

　最近の英語教育では、学習者が文法を身につける前から文章の大意を理解する読み方を推奨する傾向にあるが、これは本末転倒もはなはだしい。文法を正確に読み解く訓練をしているうちに、しだいに文法が気にならなくなって文意がさっと頭に入るようになる。これが正しい学習の順序である。楽譜の約束事を覚え、譜面どおりに正

確にピアノを弾く練習を重ねているうちに、いつの間にか譜面を見ながら自然に指が音楽を奏でるようになるのとまったく理屈は変わらない。

反母語話者至上主義

本節では、例文の3文目と4文目に現われたforという接続詞に注目することで、文法学習に関する理念的な問題を考えてみたい。

このforは、通例コンマのあとに置かれ、前に言ったことに対する証拠または説明を追加する役割を果たす等位接続詞である。はじめから意図して直接の理由を述べるときに用いられる従属接続詞のbecauseとは用法がまったく異なるので注意を要する。ただ、学校文法などにおいて「というのは、なぜならば」などといった訳語が当てられることが多く、becauseと混同している人が多いようだ。

先述の斎藤秀三郎の『実用英文典』では、forとbecauseの違いが次のように説明されている。

> *For*. —— "*Because*" assigns a moral or physical cause. "*For*" assigns a logical reason.
>
> The river has risen, *because* it has rained much of late.
> It must have rained much of late, *for* the river is so high.

> "*For*" explains or accounts for what precedes ; the consequence is always stated first. (*Compare* "*As*," *above*.)
>
> I am not able to begin the work at once, *for* I am about to start on a journey.
>
> **For** —— because が心理的・物理的原因を挙げるときに用いられるのに対し、for は論理的な理由を挙げるときに用いられる。
>
> 川の水位が上がっている。な・ぜ・な・ら・ば・最近雨がたくさん降ったからだ。
> 最近雨がたくさん降ったに違いない。そ・れ・と・い・うのも川の水位がとても高くなっているからだ。
>
> For は先に述べたことに対する説明や理由づけをする。結論がつねに先に述べられていることに注意。(上述の as と比較せよ。)
>
> 私はすぐに仕事に取りかかることができない。な・ぜ・な・ら・ば・旅に出るところだからだ。[拙訳]

なんという明快な説明だろうか。外国の英文法書のなかにも、これだけわかりやすく接続詞 for の用法を解説しているものは多くない。とくに川の水位に関する二つの例文などは、because と for の違いを説明するのにも

ってこいである。文法教育を重視していたころの日本の英語教育においては、この二つの接続詞の違いはきっちりと教えられていた。斎藤秀三郎の功績に負うところも大きいだろう。

ところが、面白いことに、この二つの接続詞の用法の違いを知らない母語話者は意外なほどに多い。上の水位に関する二つ目の例文のように、本来 for を用いるべきところでも because を用いるのが普通だと言い張ったりする。日本の学生の英作文にはなぜ for という不自然な接続詞が頻出するのかと首を傾げている外国人教師もいれば、なかには、接続詞の for の用例を教えてくれと言ってきた母語話者もいた。外国人教師のなかにもその正しい用法を知らない人がいるくらいだから、一般の母語話者に至っては誤用だと思ってしまうかもしれない。

たしかに、接続詞の for は、いまでは文語表現にしか用いられない。現代英語の口語表現において理由や根拠を述べる際には、because（あるいはその省略形の 'cause あるいは 'cos）を用いるのが普通である。

さらに because は、日本語の「だって」と同じように、さほど厳密な因果関係を示さないつなぎの言葉として用いられる傾向にあり、ときとして It's interesting because ... のように、仮主語 it の内容を導くような形で用いられることもある。判断の根拠を示す際にも because のほうが自然に聞こえるのももっともである。実際、イシグロの『わたしたちが孤児だったころ』にも、先の引用箇所とは別の部分に次のような文が現われる。

I must have started to cry, because my mother looked up and stared at me.

私は泣き出していたのだろう、母はこちらを見上げて、じっと私の顔を見つめていた。

　ここも、厳密な文法的議論によればforが用いられるべきところだが、代わりにbecauseが用いられている。この小説自体が口語的な語り口の書き言葉で成り立っているために、どちらがより自然かという判定は難しいところだ。おそらくイシグロ自身、さほど意識して使い分けてはいないのだろう。

　さて、問題はここからである。英文法のなかにきちんと存在し、現代英語文学を代表するノーベル賞作家カズオ・イシグロの文章にも出てくるこの接続詞、しかし多くの母語話者がその正しい使い方すら知らず、不自然だと言ってしりぞけるこのforを我々はどうすればよいのか。

　このような場合、とかく母語話者信仰の強い最近の日本の英語業界では、母語話者が不自然だと言っているのだから英語として正しくないという議論になる。だが、この論理にしたがっていては、結局英語でなされたやり取りの解釈に関してはつねに母語話者が正しいことになってしまう。ここが母語話者中心主義、そしてコミュニケーション中心主義の限界なのである。かといって、古い文法にばかり固執していては、時代に即応した語学教育は成り立たない。

僕としては、塾生諸君にさらに上を目指してほしいと思う。すなわち、往々にして母語話者が知らない正しい文法と（接続詞の for が現代では because で代用される傾向にあるというような）現実の言語現象の両方を知っておいていただきたいのである。そのうえで、文法的に正確な表現と話し言葉として自然な表現を使い分けることができるようになれば本物だ。

　日本人はややもすると母語話者が話しているものが本物の英語で、学校の英文法の授業で習うのがにせものの英語だと単純に決めつける傾向があるが、母語話者が正しい規範文法を知らない場合もけっこう多いのである。会話の流暢さで母語話者の向こうを張るのは容易ではないが、文法や読解を含めた総合の英語力で母語話者を凌駕することは不可能ではない。この機会に英文法の重要性をしっかりと再認識していただきたい。

Chapter Five
Utilizing Dictionaries

第5章
辞書活用法
岩崎民平に学ぶ

『研究社新英和大辞典』

2002年の3月、僕にとって特別な意味を持っている辞書の新版が出た。『研究社新英和大辞典』第6版である。初版は1927（昭和2）年に出版された。当時の編集主幹は岡倉由三郎だが、補佐を務めていたのはほかならぬ英語辞書の偉人・岩崎民平（下段参照）である。『岡倉英和』と呼ばれたこの辞書について、英文学者・福原麟太郎は、恩師の岡倉のことには触れず、岩崎が中心となってまとめたので信用できると書いた。辞書編纂者として絶大な信頼を得ていた岩崎は、その後、第3版と第4版の編集主幹を務めた。

僕は高校・大学時代を通じて、岩崎が編集主幹を務めた『研究社新英和中辞典』と上記の『新英和大辞典』第4版を使って英語を読んできた。僕の英語学習は岩崎の辞書とともにあったと言っても過言ではない。英語で飯を食うようになってからは、職業柄、さすがに雑多な辞書に当たらざるを得なくなったが、それでも翻訳の仕事

●岩崎民平　1892〜1971

山口県生まれの英語学者。徳山中学校時代から語学に秀で、抜群の成績で東京外国語学校に入学。卒業後、いったんは東京府立第四中学校教諭となるが、その職を辞して東京帝国大学で英語・英文学を学んだのち、東京外国語学校講師、次いで教授となる。同校の改称・組織変えにともない東京外国語大学教授、のちに学長を務める。

大学での教育活動のかたわら、『研究社新英和大辞典』『研究社新英和中辞典』『簡約英和辞典』『ポケット英和辞典』をはじめとする数々の優れた英語辞書を作った。一方、教科書、文法書、注釈書など多方面にわたる出版活動、NHKの基礎英語講座などを通じて、その万能の英語力を見せつけ、多くの英語学習者を啓発した。

をするときだけは、もっぱら『新英和大辞典』の第5版を使って訳語をひねり出した。

ここからは自慢話なので、一段落丸々読み飛ばしていただいてもかまわない。じつを言うと、僕は上記『新英和大辞典』第6版の執筆に少しだけ関わっている。特別な思い入れのある辞書だけに、改訂に向けての執筆依頼を受けたときにも小躍りしたが、でき上がってみるとまた感慨ひとしおである。執筆者の欄を見ると、上のほうに岩崎民平の長男、慶応大学名誉教授・岩崎春雄先生の名前があり、偶然にもそこを真下に下ったところに僕の名前がある。まるで岩崎辞書学の伝統の末席に座することを許されたような気がして、何とも言えぬ感動を覚えた。

辞書を引くことの重要性

僕は、語学力は辞書を引く回数に比例して伸びるものだと信じている。少なくとも読解力に関して言えば、辞書をこまめに引くか引かないかが決定的な差となることは間違いない。もちろん、これは達人たちの学習法を見れば明らかである。

たとえば、ドイツ語学の世界では誰もが知っている関口存男（1894～1958）というドイツ語達人がいる。彼は14歳のとき独学で勉強を始めるのだが、そのときの学習法がすごい。いきなり洋書屋に行き、ドイツ語訳の分厚い『罪と罰』を買ってきて、わけもわからずに辞書を引きながら読みはじめたのだという。本人の回想を見てみよう。

ちつとも分らないままで五頁や六頁は読む人もあるかも知れませんが、私のように百頁も二百頁も（しかも丹念に）読んだという人はあまりいないでしよう。私はそれをやつたのです！……とにかく「わかろう、わかろう」と思つて、片つぱしから辞書を引いて、辞書に書いてあつた意味を何でもかでもその語の妙な響きに結びつけて、そうして一行か二行を穴の開くほど睨みつけて、十ぺんも二十ぺんも三十ぺんも読みなおして、そして、ああじやないか、こうじやないかと、とにかく十四歳の少年の知恵に及ぶ最後の限界まで考えつめたのです。……要するに、ちよつと千頁近くもある本を、わけもわからぬままに、二年ばかりかかつて、数百頁よみました。するとどうでしよう、おしまい頃には、なんだか……わかり出したのです！
（「わたしはどういう風にして独逸語をやつてきたか？」）

　ただ辞書を丹念に引いて文章を読むだけでも語学力が向上することを示すいい例であろう。これだけでは話が極端すぎて説得力に欠けるかもしれないので、またしても虎の威を借る狐の自慢話に堕してしまうこと覚悟で、もう一つの逸話を紹介したい。
　拙著『英語達人列伝』の縁で、折に触れて岩崎民平の長女・林きよ子さんと手紙のやりとりをさせていただいている。あるとき、僕は『英語の味わい方』（NHKブッ

クス)という本を出版するに際し、自らの信念に基づいて、「あとがき」に「一番手っ取り早く、確実な(しかし根気のいる)英文読解の勉強法は、なんと言っても英書の多読である。しかも辞書をこまめに引いて読まなくてはいけない」と書き記した。

出版直後、林さんからお便りをいただいた。同書を書店で見かけ、買い求めてくださったのだという。きれいな文字でつづられた文面のなかに、次のような一文があった。

　　先生のあとがきの中に……こまめに辞書を引くこととお書きになっておりますが、父がよく云っていた言葉で、今でも娘とそれにまつわる話をすることがありまして、とてもうれしく思いました。

うれしいのは僕のほうである。岩崎民平は、辞書や文法書や注釈書における膨大な業績のわりに、英語学習にまつわる体験談や個人的な意見をあまり発表していない。このような形で尊敬する英語達人の英語学習論に触れ、それによって自分の英語教育が間違いではなかったことを確認できたのはじつに幸運であった。

辞書の選び方

長期間にわたって頻繁に使用する都合上、辞書はやはり相性のいいものを選ぶのが一番である。本塾の塾生くらいになれば、すでに愛用の辞書をいくつか持っていると思うが、いまから新しい辞書を買って勉強を始めたい

という人のために、使いやすいものをいくつか紹介しておこう。もちろん、一口に英語辞書といっても、学習や研究の目的に応じて多種多様なものが出版されている。これから挙げるものは、あくまで基本的な英語学習に適していると思われるものである。

中辞典規模の手ごろな英和辞典として、『研究社新英和中辞典』（研究社）、『小学館プログレッシブ英和中辞典』（小学館）、『ジーニアス英和辞典』（大修館書店）、『ルミナス英和辞典』（研究社）、『カレッジライトハウス英和辞典』（研究社）、『旺文社レクシス英和辞典』（旺文社）、『ウィズダム英和辞典』（三省堂）などがある。

大辞典のなかで責任を持って勧められるのは、先にも挙げた『研究社新英和大辞典』（研究社）の第6版。このほかにも『ランダムハウス英和大辞典』（小学館）、『ジーニアス英和大辞典』（大修館書店）、『リーダーズ英和辞典』（研究社）など、大辞典あるいは大辞典規模の優れた辞書がある。

英和辞典に比べ、和英辞典は残念ながらだいぶ進歩が遅れているが、手ごろなものとして、『グランドセンチュリー和英辞典』（三省堂）、『小学館プログレッシブ和英中辞典』（小学館）、『カレッジライトハウス和英辞典』（研究社）、『ルミナス和英辞典』（研究社）、『スーパー・アンカー和英辞典』（学研）、『フェイバリット和英辞典』（東京書籍）などがある。大規模な改訂がなされたばかりの大型の和英辞典としては、『研究社新和英大辞典』（研究社）がある。

発展的な英語学習を考えた場合、やはりぜひとも英英

第5章　辞書活用法——岩崎民平に学ぶ

辞典は手元に置いておきたい。ただし英英辞典は、英和・和英辞典に比べてはるかに数が多く、また質のばらつきも大きい。選び方の目安だけを言っておけば、やはりオックスフォード大学出版局（Oxford University Press）、ロングマン（Longman）、コリンズ（Collins Publishers）をはじめ、辞書に力を入れている出版社のものが間違いない。最近では、純文学作品のペーパーバック版を数多く出版しているペンギン・ブックスも辞書市場に積極的に参入してきたようで、なかなかいい辞書を出している。

近ごろは、英語辞書の多くが電子化され、電子辞書やCD-ROMという形で販売されている。僕はそもそもアナログ・アナクロ人間であり、辞書の記載についてはどの位置にどんな風に書かれていたかということを視覚的に覚える質なので、ちょっとした調べものは別として、本格的な英語学習にはやはり本型の辞書のほうが適しているような気がするが、若い人はむしろ電子化された辞書のほうが使いやすいと思うかもしれない。各自、いろいろな辞書を見て、自分に最適のものを選んでいただきたい。

辞書の引き方／単語帳の作り方・使い方

使いやすい辞書を入手したら、英語を勉強する際はつねにそれを座右に置いておく。そして、英文を精読するときには、知らない単語や表現が出てくるたびにそれを引くという心構えが必要である。もちろん、そのような読み方ばかりでは英文の量をこなすことは難しいので、ときには全体の意味を取りながら速読することも大事だ

が、辞書をこまめに引いて英文を精読する訓練を欠かしてはいけない。

関口存男の（やや極端な）例を見てもわかるとおり、ひたすら辞書を引きながら文章を精読するだけでも十分に読解力は養われるが、さらに語彙力を高めるために、単語帳を作ることをお勧めする。単語帳といっても、中学の中間・期末試験の勉強をするわけではないので、小さな紙片を金のわっかで綴じた、あの小さな単語カード帳では駄目だ。やはり普通のノートを用意していただきたい。

それでは、「音読」の章で引用したカズオ・イシグロの文章を例にとって辞書の引き方、単語帳の作り方を説明しよう。たとえば、冒頭のIt was around that same time—that same summer—when certain aspects of Akira's

[「メーデー」は SOS の合図？]

辞書を通読していると、たまに面白い発見をすることがある。

たとえば、多くの英語辞典には、May Day「五月祭、メーデー（5月1日の労働者の祭典）」の前後にMaydayという単語が載っている。英和辞典などでは、そのままカタカナで「メーデー」とあり、さらに「（無線電話による航空機・船舶の国際遭難信号）」などという説明がついている。

機能としては、電信におけるSOSと同じ。つまり、異国の海で遭難したら、無線機に向かって「助けてー！」と叫んでも助からない。何はともあれ「メーデー！」と叫ばなくてはならないということだ。別に「自分はここで果てるかもしれないが、いままで立派に働いてきたぞ。労働者

behaviour began seriously to irk me という文を読んで、そのなかの irk という単語の意味がわからなかったとする。これを先述の『新英和大辞典』で引くと、次のように出ている。

> **irk** /ə́ːk | ə́ːk/ *vt*. ［通例 it を主語として］疲れさせる, あきあきさせる, うんざりさせる；いらいらさせる（⇒annoy SYN）: *It ～s me to wait.* 人を待つのはうんざりだ, 待つ身はつらい.
> ━ *n*. 疲れ［あきあき］させること；悩み［いらだたしさ］の種.
> 〖《c1330》《北部方言》*irke(n)* (*v*.), *yrke(n)* (*adj*.)□? ON *yrkja* to work＜Gmc *wurkjan ← IE **werg-* to do: cf. MHG *erklich* disgusting ← *erken* to disgust〗

COFFEE BREAK*2

万歳！」と言っているのではない。

語源の項目を見れば、それがフランス語の m'aidez から来ていることがわかる。要するに、フランス語の「助けて」がなまったものなのだ。航空機／船舶の世界では英語が国際共通語だと思われがちだが、よく見るとこういうカラクリもある。

ちなみに、SOSの語源について調べてみると、Save Our Souls [Ship]「我らが魂［船］を救いたまえ」、あるいは Suspend Other Service「ほかの任務を一時停止せよ」の頭文字を取ったとするのは俗説で、緊急時にもっとも打電しやすいモールス符号の組み合わせ「・・・ーーー・・・」を文字化したとするのがもっとも有力な説らしい。

まず見出し語があり、次に発音記号が記されている。「音読」の章でも書いたとおり、これは重要な情報なので、かならず押さえておいてほしい。次に、*vt.*という記号。これは irk が transitive verb「他動詞」、すなわち目的語を必要とする動詞として用いられることを示している。それに続いて意味が説明される。[　]内の補足的な説明書きに「通例 it を主語として」とあるから、あとに出てくる例文のように it irks ... という形で使われることが多いということだ。

そしていよいよ主要な意味の説明となる。すなわち、まず「疲れさせる、あきあきさせる、うんざりさせる」という類似の日本語で表現される意味があることが説明され、セミコロンで区切られた「いらいらさせる」が、別項目を立てるほどではないが、やや違った意味として存在していることが示されている。「(⇒annoy SYN)」は、この辞書に限定的な約束事で、「annoy という単語を引けば、そこに synonym（類義語）としてこの単語の説明があるから参照せよ」ということ。つづいて例文があり、その日本語訳が記載されている。

次の「━ *n.*」は、この irk という単語には動詞ばかりでなく noun「名詞」としての働きもあることを示している。その意味が「疲れ［あきあき］させること；悩み［いらだたしさ］の種」ということになる。それに続く部分は、かなり専門的な語源の説明である。

さて、これを元に単語帳を作るとすると、どれくらいの情報を書き留めておけばいいのだろうか。まず、最初

第5章 辞書活用法——岩崎民平に学ぶ

に見出し語を書く。それから、やはり発音記号は記しておきたい。品詞も重要。基本的な意味は当然書き写しておかなくてはいけない。辞書内部の約束事は単語帳内の記載には及ばないので、参照記号は不要。例文は微妙なところだ。この場合は元のイシグロの文章が例文のようなものだから、別にノートに移しておく必要はないが、1文くらいなので、書いておいても悪くはない。イシグロの文中の irk は動詞だが、名詞としての意味も1行程度なので、書き写すのにさほど手間はかからないから、一応書いておく。語源情報は、専門家でもなければ、とくに気にする必要はない。

というわけで、単語帳に書き写しておくべき情報は、だいたい次のようなものとなる。

> irk /ə́ːk | ə́ːk/ *vt*. [通例 it を主語として] 疲れさせる，あきあきさせる，うんざりさせる；いらいらさせる：It ～s me to wait. 人を待つのはうんざりだ，待つ身はつらい．
> ━ *n*. 疲れ［あきあき］させること；悩み［いらだたしさ］の種．

これ以上のことを書こうとすると時間もかかるので、分量としてはこのくらいがちょうどいい。もちろん、単語によって必要な情報量は異なるが、ノートの罫線に沿って普通の大きさの字で書いたとして、だいたい3〜6行くらいが妥当ではなかろうか。このようにして、知らない単語が出てくるたびに、必要な情報を単語帳に書き

写していく。以前調べたにもかかわらず忘れてしまった単語も、また同じように辞書を引いて、同じように必要な情報を書き写しておく。

ただ辞書の内容を書き写して何になるのかと思われるかもしれない。だが、じつはこの作業には重要な意味がある。まず、でき上がった単語帳は、いわば自分が覚えそこなっていた単語を集めたものである。それを何度も読み返し、一つずつ単語を確認していく。できれば確認印などをつけながら復習して、1ページ丸々確認が済んだら、それを切り取って捨てる。元の辞書のほうはさすがに切り取るわけにはいかない。たしかに、伝説としては、辞書に載っている単語を片っ端から覚えていって、1ページ覚え終わったらそのまま食べたというような話もないではないが、かの岩崎民平も、そんなことを本気でやったとしたら「賢明なことではなかったろう」と言っている（「辞書を食う話」）。単語帳なら、破いて捨てても惜しくはない。ゴミを出すのがいやなら、自分の英語学習の証(あかし)として取っておけばいいだけの話だ。

もちろん、一度覚えたと思って確認印をつけても、単語の意味などそうそう頭のなかにきちんと残るものではない。たいがいの場合は、片っ端から忘れていく。そうしたら、まったく同じ単語、まったく同じ語義を改めて単語帳に書き記せばいい。そのうちに体が覚える。そして、じつは単語帳を作ることの本当の意味は、単に語義を目で確認するだけでなく、手を動かすことによって体に練り込むことにある。

昔、小説家を志す者は、志賀直哉の文章を原稿用紙に

書き写して小説の勉強をしたという。たしかに、辞書を食べたという話と同じく、努力のすさまじさを伝える伝説、あるいは隠喩(いんゆ)の意味もあるのかもしれない。だが、小説の神様と言われた作家の文章を実際に手でなぞってみることで、その文体、リズム、筆遣いが自然に体に練り込まれるという実利的な側面もあったのだろうと僕は思う。

　コピーなどという便利なものがなかった時代、貴重な文献を書写して勉強した僧侶や学者が、ときに現代の技術をもってしても不可能と思われるような学問業績を残している裏には、そもそもそのような人たちが偉人であったということもさることながら、体を使った学習の効果があったのではないだろうか。「音読」、「素読」の章で論じたとおり、英文を声に出して読んだり、手でなぞったりしながら、五感を総動員して勉強すると学習効果が高い。

★発展学習
「音読」の章で引用したカズオ・イシグロの文章の残りの箇所について、知らない単語をすべて辞書で調べ、必要な情報をノートに書き写しなさい。ノートの残りの部分は、ほかの英文を読むときの単語帳として活用し、紙面が尽きたら、一つ一つの単語について自分の記憶を確認しなさい。

辞書の読み方

本気で達人レベルを目指したいという塾生のために、もう一つ、すさまじい辞書の使い方を紹介しておこう。すなわち、辞書を読むという勉強法である。

昔、東京大学の教養学部に山縣宏光というすごい先生がいた。とにかく無類の辞書好きで、英語辞書と見れば片っ端から読む。彼の後任として日本英文学会で働いていたときなど、事務局の机の上に置かれた英和大辞典に多量の付箋が貼ってあるので、何かと思って当該箇所を見てみたら、すべて誤植、誤記をはじめとする記載の不備であった。なかには、二重括弧のなかの一重括弧が閉じていないというような、普通に辞書を引いたのでは気づきにくいようなミスもあった。

たしかこの先生は、世界最大の英語辞書『オックスフォード英語辞典』の本体部全12巻も4、5回通読していたはずだ。まさに「生き字引き」、英語で言うなら walking dictionary で、少なくとも語彙に関することなら何でも知っている。英語で文章を書いていて、適当な表現が見つからないときなど、「こういうときにはどういう単語を使うんですかね？」と聞けば、かならず適切な答えが返ってくる。残念ながら若くして亡くなってしまったが、この先生が生きていれば、英語辞書の歴史に残るようなすばらしい辞書ができていたと思われるだけに、その早すぎる死が惜しまれる。

あとの章で紹介する詩人・英文学者の西脇順三郎は、中学時代に「英語屋」と呼ばれ、井上十吉の作った英

第5章 辞書活用法——岩崎民平に学ぶ

和辞典、いわゆる『井上英和』のどこを聞いても知らないところがなく、教師からは「キミに教えることはないから、なんでも好きなことをやれ」と言われていた。彼は、若い教授時代まで辞書を読み続け、辞書を通読することは人間のイマジネーションを豊かにする最良の方法だと語ったという。

　もちろん、これは極端な例である。だが、いやしくも達人レベルを目指そうというのであれば、せめて英語辞書の1冊2冊、ボロボロになるまで引き込むとか、手ごろな辞書を1、2回通読するとか、そのくらいの努力はしていただきたい。

　通読する辞書の目安としては、これもやはり相性のいいもの。それから、できればどこでも読めるような手軽なものがいいだろう。僕の愛読辞書は、通称PODと呼ばれる『ポケット・オックスフォード英語辞書』で、この革装版はペーパーバック版に比べてさらに小さく、重さもせいぜい500グラム弱なので、鞄に入れておいてときどきパラパラと読むのに最適である。

　それから、持ち歩くには重すぎるが、僕が個人的に気に入って読んでいる辞書としては、『ロングマン英語アクティベータ』がある。これは、同義語・類義語をひとまとめにして、そのなかでの細かい用法の違いなどを解説している、いわゆる「発信型」の英語学習を促すためのものである。

　持ち歩くことだけを考えれば、先述の電子辞書のほうがはるかに便利だが、読む辞書としては、やはり本の形をしたものをお勧めしたい。辞書独特の匂い、手触り、

あるいはページをめくるときの音が心地よく感じられるようになると、辞書を引く（読む）のがぐんと楽しくなる。

Chapter Six
Recitation

第6章
暗唱

幣原喜重郎と岩崎民平に学ぶ

洗練された言語表現を体感

ピアノが上手(うま)くなりたかったら、クラシックの名曲を暗譜するくらいまで弾き込まなくてはならない。落語家になろうと思ったら、古典落語は空で演じられるようになるまで稽古(けいこ)を積まなくてはいけない。体が覚えるまで手本をさらうこと。この学習の基本原則を語学に当てはめれば、例文の素読・暗唱ということになる。

卓越した英語力を駆使して駐米大使、外務大臣、さらに内閣総理大臣の重責をこなした幣原喜重郎（下段参照）は、若いころイギリスで師事した英語の先生に暗唱を仕込まれていた。幣原は、先生が命じるままに毎日3、4ページ分の英文を覚え、先生の前で暗唱・復習をしたという。

先述した辞書の偉人・岩崎民平は、すでに中学時代に模範文などを暗唱して英文の「調子」を会得していた。のちに彼は、「英語勉強法」と題する小文のなかで、自らの英語修業を回想しつつ、「この英文の調子を覚える

●幣原喜重郎　1872〜1951

外交官・政治家。大阪府に生まれ、大阪中学校で英語と出会う。20歳で東京帝国大学法科大学入学、卒業後外務省に入り、朝鮮、イギリスなどの領事館に勤務。以後、駐米参事官、駐英参事官、外務次官、駐米全権大使、浜口内閣の外務大臣、内閣総理大臣、吉田内閣の国務大臣、衆議院議長などを歴任する。

幣原は、エリート外交官としてロンドンに赴任したのちも英語修業を怠ることはなかった。そして、ワシントン軍縮会議中に開かれた日中の山東問題会議、「天皇人間宣言」の英文草稿執筆、マッカーサーとの通訳抜きの密談などにおいて、日本人の意思を実現するために、その優れた英語力を発揮しつづけた。

ということは英語の研究において是非欠いてはならぬものと今日でも確信している」と書いている。

ただし、英文なら何を暗唱してもいいというものではない。やはり手本は名文に限る。名文を読むとは、もっとも洗練された言語表現を体感することである。その朗読・暗唱を通じて美しい言葉の形を体に練り込むことほど手軽で有効な語学学習法はない。

名文の条件

とはいえ、名文はそんじょそこらに転がっているものではないし、ある文章の価値が認められるまでにかなりの時間がかかることもあって、名文と呼ばれるものの多くは古典を出所とし、語学学習のための例文にはならない場合がある。そこで、どうしても語学学習用の名文を特別に用意することになる。当面の学習用としては、すでに見たイシグロの文章や以下に掲げる名文例で十分だが、やがては自分で探してこなくてはならない。多少なりとも英文の味がわかるようになったら、以下の条件に合致し、なおかつ自分にとってふさわしいと思われる英文を見つけ出し、暗唱用にとっておくことが望ましい。

朗読用の名文を選ぶ基準としてもっとも重要なものは、内容、修辞、音調の3点である。内容的に深いものを含んでおり、修辞技巧に優れていて、そのうえ音の調子がいい。この三つの条件が揃っていれば、まず名文と考えていいだろう。話をわかりやすくするために、日本語の名文として名高い夏目漱石の『草枕』の冒頭部を例にとって、この三つの基準を具体的に解説してみたい。

山路(やまみち)を登りながら、かう考へた。
　智に働けば角(かど)が立つ。情に棹(さお)させば流される。意地を通せば窮屈だ。兎角(とかく)に人の世は住みにくい。

　まず内容的には、主人公の想念の形で世渡りの難しさが語られている。とくに、俗に「知情意」と言われる人間の三つの心的要素のいずれに頼っても人間関係が円滑に運ばないことを説いており、処世訓としても味がある。
　修辞技巧について見てみると、まず、上述の「知情意」のそれぞれについて、仮定法によって問題点が指摘される。同じ統語構造を繰り返す技法は「並列法」（parallelism）と呼ばれ、古来、演説などでも多用されてきた。とくに同じ統語構造を3回繰り返すと構文として安定感があり、イギリスの文豪チャールズ・ディケンズも、物語の要所要所でこの修辞技巧を好んで用いている。また、この一節では、「角が立つ」、「棹させば流される」、「意地を通せば」などの（専門的に言うと認知的）隠喩が効果的に用いられている。いずれも運動と空間に関する概念であり、比喩として一貫している。
　文章全体の語調もいい。「山路を」＝5、「登りながら」＝6、「かう考へた」＝7、という具合に、文節もしくは統語的な切れ目で区切って字数（専門的に言うとモーラ）を数えていくと、1文目は、5・6・7、2文目は7・5、3文目は8・5、4文目は7・5、そして5文目は、4・5・5となっており、やや字余り・字足らず気味ながら、安定した7・5調に近いリズムになっ

第6章　暗唱──幣原喜重郎と岩崎民平に学ぶ

ていることがわかる。

英語の名文

　内容、修辞、音調以外に考慮すべき点は、できるだけ現代のものに近い英語で書かれている文章を選ぶということ。たしかに、長い目で見れば、シェイクスピアの英語の朗読なども、英語のリズムを会得するための学習法として十分奨励するに値するものである。イギリスの中等教育で実践されているくらいだから、日本人が実践して悪い理由はない。しかしながら、ある程度実用的な英語運用能力の増強を意識した独習法を組み立てる場合には、やはりシェイクスピアよりも現代作家の手になる文章、それもできれば散文を教材として選ぶのが無難であろうと思われる。

　この節では、先ほど述べた基準に合致する短い英語の名文を五つ掲げるので、さっそく素読・暗唱に取りかかっていただきたい。具体的な手順としては、まず一つ目の文を（発音がわからない単語があったらきちんと辞書で調べて）音読したのち、解説を読んで内容を確認したら、意味的な切れ目などを意識しながらひたすら読む。暗唱は一つずつ個別に行なったほうがいいだろう。すなわち、一つ目の文章を完全に覚えたと思ったら、まずそれを一晩頭のなかで寝かせる。翌日になってもそれを諳んじることができるようならば、次の文章に進む。新しい文章の素読・暗唱に取りかかったら、もう先の文章は忘れてしまっても構わない。意識の表面には出てこなくても、そのリズムはかならず頭のどこかに練り込まれている。

名文例1 ── Bertrand Russell, *The Conquest of Happiness*（1930）より

The happy man is the man who lives objectively, who has free affections and wide interest, who secures his happiness through these interests and affections and through the fact that they, in turn, make him an object of interest and affection to many others.

幸福な人とは、客観的な生き方ができる人、闊達な愛情と広範な興味を抱いている人であり、またそのような興味と愛情を通じて、そして今度はそれを抱いているがゆえに自分が多くの人にとって興味と愛情の対象になっているという事実によって、自らの幸福を手に入れることができる人である。［拙訳］

バートランド・ラッセル（1872～1970）は、ノーベル文学賞を受賞したイギリスの数学者・哲学者。日本ではむしろ平和運動家・随筆家として知られ、その明晰な文章は、あとで紹介するモームの文章と並び、戦後の一時期、英語の教材として大流行した。彼が一般向けに書いた随筆のなかでとくに広く読まれたのが上記の『幸福論』で、少なくとも僕の知るかぎり、戦後の日本で作られた英語の参考書の例文、模擬試験や入学試験の問題文がもっとも多く採られた本だろうと思う。

上記の英文は、その『幸福論』の最終章に現われる。したがって、たった1文ながら、それまでの議論をまと

めあげるような総括的な響きを有している。修辞的には、すでに解説した並列法（ここでは関係代名詞 who を用いた節の繰り返し）が用いられているが、繰り返されるたびに節が長くなっており、また最後が to many others という句で締めくくられているために、文の流れに沿ってしだいに幸福感が広がっていくようなイメージが生み出されている。

名文例2 —— George Orwell, *Down and Out in Paris and London*（1933）より

  And there is another feeling that is a great consolation in poverty. I believe everyone who has been hard up has experienced it. It is a feeling of relief, almost of pleasure, at knowing yourself at last genuinely down and out. You have talked so often of going to the dogs—and well, here are the dogs, and you have reached them, and you can stand it. It takes off a lot of anxiety.

  それから、貧困には、大きな慰安というもうひとつの感覚がともなう。金に困ったことのある人なら、誰でも経験があると思う。それは、自分が本当に落ちぶれ果てたという認識から来る快楽にも近い安堵感である。野良犬同然に成り果てるのではないかと話してきた挙句に――なんと、いつの間にか野良犬に成り果てており、しかもそれで何とかやっているではないか。それでだいぶ気が楽になる。［拙訳］

ジョージ・オーウェル（1903〜50。本名 Eric Arthur Blair）は、ロシア革命を諷刺(ふうし)的に描いた『動物農場』(*Animal Farm*, 1945) や未来小説『1984年』(*Nineteen Eighty-four*, 1949) で知られるイギリスの小説家で、平易で明快な文章を書くことでも定評がある。

　引用箇所は、彼がパリとロンドンで極貧生活を送ったときの体験に基づいて書いた随筆『パリとロンドンで落ちぶれるの記』の一節である。この直前には、貧窮の度合いが増してくると、人はただ漠然と退屈するだけで、あまり先のことを心配しなくなるという趣旨の記述がある。それを受けて、And there is another feeling ... と続いている。

　この一節で完結する章において、オーウェルは一貫して総称的な you を用い、貧しくなると人間がどうなっていくのかを、まるで読者に語りかけるようにして説明している。この英文中においても、ちょっとした感情の吐露を表現する well という間投詞（やや専門的に言うと談話標識）を用いるなどして、きわめて口語的な語り口を装っている。

　英語学習という観点から言えば、先のイシグロの文章やこの随筆文のように比較的話し言葉に近い名文を繰り返し読むことで、自分の体験を人に伝えるときの英語表現を身につけることができる。また、この一節に関して言えば、hard up「金に困って、経済的に困窮して」、down and out「落ちぶれ果てて」、go to the dogs「破滅する、堕落する、すさんだ生活を始める」などの（自分の体験を語るときには使いたくない）慣用的な口語表現を覚

第6章 暗唱──幣原喜重郎と岩崎民平に学ぶ

えることもできる。

名文例3── W. Somerset Maugham, *The Summing Up*（1938）より

On the other hand, in Bertrand Russell I discovered a writer who greatly pleased me; he was easy to understand and his English was good. I read him with admiration.

　　I was very willing to accept him as the guide I sought. He had worldly wisdom and common sense. He was tolerant of human weakness. But I discovered in time that he was a guide none too certain of the way. His mind was restless. He was like an architect who, when you want a house to live in, having persuaded you to build it of brick, then set before you good reasons why it should be built of stone; but when you have agreed to this produces reasons just as good to prove that the only material to use is reinforced concrete. Meanwhile you have not a roof to your head.

一方、バートランド・ラッセルは大いに満足のいく作家だと思った。内容的にわかりやすく、英語もうまい。私はその著作を読みあさった。

　彼は、自分が求めていた案内役として本気で受け入れるに足る作家だと思った。世俗の知恵にも長(た)けているし、常識もある。人間的な弱さにも寛容である。だが、そのうちにわかってきたのは、彼が案内

すべき道をあまりよく知らないということであった。その精神は落ち着くことがなかった。さながら、家を建てようというときに、まず煉瓦(れんが)で造れと言い、それからなぜ石造りの家でなくてはならないかとのもっともらしい理由を並べ立て、ようやくこちらがその案に同意するや、またもやもっともらしい理由を並べて、素材は鉄筋コンクリートでなくてはならないと主張する建築家のようである。その間、こちらの頭上には屋根一つないのだからかなわない。
[拙訳]

　先述したとおり、戦後の一時期、日本で大流行したサマセット・モーム（1874〜1965）の文章である。個人的な話で恐縮だが、僕が高校生のとき、学内に「『サミング・アップ』を読む会」なるものがあり、下校時の校内放送などでしょっちゅうその開催時間・場所に関する連絡を流していた。そのため、いまだに『サミング・アップ』と聞くと、「を読む会」までいかないと題名として完結しないような妙な錯覚に陥ってしまう。残念ながら、当時はそれが何の連絡だかわからなかったため、読書会には参加しそこねてしまったが、あちらこちらでモームの名前を目にしたおかげで、名作『人間の絆(きずな)』(*Of Human Bondage*, 1915)に出会うことができたのは幸いであった。

　大衆小説家というイメージがつきまとうせいか、モームは、正統的な英文学研究においてあまり本格的に扱われる作家ではない。長らくその存在を意識する機会がな

第6章　暗唱——幣原喜重郎と岩崎民平に学ぶ

かったが、ノーベル賞作家Ｖ・Ｓ・ナイポール（1932〜）の『ある放浪者の半生』（V. S. Naipaul, *Half a Life*, 2001）という小説を訳しはじめた途端にその名前が出てきたので驚いた。しかも、この小説のなかでかなり重要な象徴性を有するものとしてモームが登場する。もっとも、登場の舞台がインドなので、とくに東洋で人気のある作家なのかもしれない。いずれにせよ、修業時代にはまず名文を書写し、次にそれを記憶によって復元する練習をした（*The Summing Up*, IX, X）というだけあって、鍛えの入ったいい文章を書く。

ところで、僕が『要約すると（サミング・アップ）』を読んだのは、ラッセルがらみの関心からであった。同書のどこかにラッセルの文章に関する言及があることを知り、どうしてもその箇所を確認してみたくなったのである。そしてようやく見つけたのが上記の一節。当時ラッセルの英文にかぶれていた僕にとっては、とくにその後半部は期待外れの評言であったが、彼の英文自体は上質のものとして評価されているのがせめてもの慰めであった。

ただし、引用箇所のなかでもっとも修辞的に気が利いているのは、ラッセルを建築家にたとえ、その思想に一貫性がないことを批判している後半部である。煉瓦、石、鉄筋コンクリートと三つ並べて全体の比喩体系を安定させてから、最後に屋根がないと言って落とす。ラッセルの思想そのものを説明するよりはるかにわかりやすい説明である。

名文例 4 ── David Lodge, 'Why Do I Write ?', *Write on* (1986) より

To write a novel is to fill a hole that nobody, including oneself, was aware of until the book came into existence. First there was nothing there; then, a year or two (or three) later, there is something—a book, a whole little world of imagined people and their interlocking fortunes. When it is finished, it seems inconceivable that it should never have existed, yet when you started it you could never have predicted how it would turn out, or even been certain that you would be able to finish it.

小説を書くとは、それが誕生するまで、作家自身も含め、誰もその存在に気づかなかった穴を埋めることである。まず何も存在しないところに、1、2年(あるいは3年)すると何かが生まれる――架空の登場人物同士の運命がからみ合う小世界たる1冊の本である。本が完成してみると、それがいままで存在しなかったことがとても考えられないのだが、書きはじめたときには、それがどんな展開になるか、あるいは書き上げることができるかどうかすらわからなかったのだ。[拙訳]

デイヴィッド・ロッジ (1935～) は、イギリスの英文学者。とくに、『交換教授』(*Changing Places*, 1975)、『小さな世界』(*Small World*, 1984)、『すてきな仕事』(*Nice Work*, 1988) などの学園コメディーを書く小説家として有名だ

が、1960年から87年までは、バーミンガム大学英文科の教授として教鞭を執っていた。文体論学者としても活躍し、小説の文体技巧を解説した『小説の言語』(Language of Fiction, 1966) や、より一般向けの『小説の技巧』(The Art of Fiction, 1992) は、文体論の名著と言ってもいいだろう。文体感覚がするどく、自らつねに文体理論を実践しているだけあって、ロッジの文章はなべて味がある。

上記の英文は、自分にとって小説を書く行為がどのようなものであるかを論じた随筆から採ってきた。さして解説の要もない平易な文章ながら、誰も気づかない穴を埋めるという奇抜な比喩を用い、小説執筆の面白さを見事に伝えている。

名文例5 ── V. S. Naipaul, *Beyond Belief : Islamic Excursions Among the Converted Peoples* (1998) より

 Religious or cultural purity is a fundamentalist fantasy. Perhaps only shut-away tribal communities can have strong and simple ideas of who they are. The rest of us are for the most part culturally mixed, in varying degrees, and everyone lives in his own way with his complexity.

 宗教的あるいは文化的純粋性などというものは、原理主義者の空想にすぎない。きわめて閉鎖的な部族共同体のみが、自分たちが何者であるかについて堅固で単純な観念を形成し得る。我々のほとんどは、

程度の差こそあれ、文化的には交錯しており、みな自分なりに複雑な状況のなかで生きている。［拙訳］

五つ目の名文は、先述のノーベル文学賞作家V・S・ナイポールの文章から採った。ナイポールの経歴と業績については、すでにあちらこちらで紹介されているので、ここでは改めて繰り返さない。ただし、旧英領トリニダードでインド系移民の3世として生まれながら、最終的に「現在生きているなかでもっとも素晴らしい英文を書く作家」（『オブザーバー』紙の書評）との評価まで得ていることは特筆に値するだろう。

ナイポールは、一般的には小説家として紹介されることが多いが、上記の英文の出所たる『イスラム再訪』をはじめ、ノンフィクションの旅行記などを数多く書いており、むしろそちらの方面で高い評価を得ている。文体論的な観点からは、従来の紀行文と小説の文体を混ぜ合わせた、新しい文体の創造を評価したい。

上記の英文は、あるインドネシア女性の経歴に触れつつ、文化・宗教的に純粋な共同体という観念の虚構性を論じた一節。特筆すべき修辞技巧は施されていないものの、文化と宗教に関する概論的・普遍的な論述であり、また意識的な技巧かどうかは別にして、fundamentalist fantasy、strong and simple という頭韻を配した音調のいい文章である。

学習の目安
暗唱は、語学には欠かせない学習項目であるとはいえ、

それほどじっくりと時間をかけて行なわなくてはいけないものでもない。語学において中心となるのは、やはり何と言っても次章で解説する多読、それから作文や会話ということになる。そこで、暗唱を実践するときの目安としては、学習の早い段階である程度集中的に行ない、あとは名文と呼ばれるものに出くわしたときにそれを暗唱してみるとか、あるいは自選の名文集などを作っておいて、折に触れて朗読しながら暗唱を試みるくらいで構わない。

ただし、英文の語調が悪いと注意されたことがある人、あるいは、文法無視で英語をしゃべる癖がついてしまっている人などは、しばらく英語を書いたり話したりするのをやめ、暗唱に重点を置いたほうがいい。その際は、先述のラッセルやオーウェルやモームのエッセイなどを少しずつ区切って暗唱していくといいだろう。現代の作家だと、上記のロッジや、本書中に何度も登場するイシグロの文章が読みやすい。

イシグロの作品中、『充たされざる者』(*The Unconsoled*, 1995) だけは一風変わった不条理小説なのでお勧めできないが、そのほかの長編小説なら、すべて素読・暗唱用の教材として最適である。また、余裕があるなら、チャールズ・ディケンズの小説の名場面や、キング牧師の演説中の有名な 'I have a dream' のくだりなどを暗唱してみていただきたい。

★発展学習
次章を読み終えてから、そこで引用されている Jeremy Paxman, *The English : A Portrait of a People* の一節を教材とし、1日1文を目安として、先に述べた要領で暗唱の練習をしなさい。

**Chapter Seven
Extensive Reading**

第7章
多読

新渡戸稲造と斎藤秀三郎に学ぶ

英語達人になるための必須条件

多読とは、読んで字のごとく、多く読むこと。この場合は、名文かどうかなどいちいち考えてはいられない。雑誌だろうが、ペーパーバックだろうが、理解可能な英語で書いてあるものは片っ端から読む。

新渡戸稲造は、札幌農学校在学当時、「図書館にある書物は、片はしから総て読んで了はうと云ふ、無謀な大野心を起し」て、手当り次第に読んだ。英語万能時代の話だから、図書館にあった本のほとんどは英書であったと思われる。新渡戸の場合、ただ濫読をしただけではない。愛読書『衣服哲学』(Thomas Carlyle, *Sartor Resartus*, 1838)などは、三十数回読んだというからすごい。『武士道』の英文にカーライルの文体の影響が見られるのもまったく驚くにはあたらない。

英学の巨人・斎藤秀三郎に至っては、工部大学校在学中、図書館にあった英書を読みつくし、『大英百科事典』(*The Encyclopedia Britannica*) を2度(「引いた」のではなくて)読んだと言われている。岩崎民平も、先述の「英語勉強法」に自ら書き残しているとおり、東京外国語学校在学当時、帰省する時間すら惜しんで「雑多の本を手当たり次第読んだ」という。

もちろん、彼らばかりではない。英語達人たちは、修業時代のどこかで例外なく大量の英書を読んでいる。逆に言えば、英書の多読は英語達人になるための必須条件だと言ってもいい。達人レベルを目指さないまでも、英書の多読なくして高度な英語力の養成はあり得ない。

第7章　多読——新渡戸稲造と斎藤秀三郎に学ぶ

教材選びの目安

多読は、見方を変えれば速読でもある。同じ読み方ながら、読む量に焦点を当てれば多読となり、速度に焦点を当てれば速読ということになる。したがって、とにかく速く、たくさん読めばいいのだが、今回もまた、何を読んでもいいというわけではない。

暗唱の場合には、英文の質が問題であった。英文の質がよければ、極端な話、内容が理解できていなくても構わない。それを何度も読んでいるうちにいい英語のリズムが体に練り込まれる。だが、多読をする場合には、英文の質はさておき、かなりの速度で読みながら内容が頭に入るものでなければならない。まったく理解できない英会話の音声がいくら聴いてもただの雑音でしかないのと同様に、速読して頭に入らない英文は、いくら眺めていても、ただの白黒の模様でしかない。

多読によって英語力をつけようと思ったら、辞書なしでさっと読んで内容が7、8割理解できる程度の英文を選ばなくてはならない。ただし、一口に7、8割といっても、どの程度の文章理解を指すのかわからないかもしれない。そこで、簡単な読解力の試験をしてみよう。

読解力判定試験

まず、辞書を使わずに次に掲げる英文をお読みいただきたい。制限時間は5分。そこで読解を打ち切り、あとの二つの設問に答えていただきたい。

There is nothing unique in the belief that a nation has God on its side: the sight of army chaplains on either side of a conflict urging on their troops with the lie that they are doing the Lord's work is a constant feature of warfare. But what is perhaps most curious about the English experience is the way in which a belief that they had been chosen by God could have produced a version of religion so temporizing, (1) <u>pliable</u> and undogmatic. After all, orthodox Judaism, which is built upon the assertion that the Jews are the chosen people, is one of the most demanding, prescriptive religions on earth. But there is scarcely anything prescriptive about the Church of England.

I once asked the Bishop of Oxford what you needed to believe to be a member of his Church. A look of slight bafflement crossed his face. 'An (2) <u>intriguing</u> question', he answered, as if it had not occurred to him before.

You cannot imagine an orthodox rabbi, or a Roman Catholic priest replying like that. When the bishop went on, he opened with an inevitable English preface, 'Well, it rather depends.'

'It depends on which church you go to. An evangelical church will say you need to be sincerely

第7章 多読──新渡戸稲造と斎藤秀三郎に学ぶ

converted. A traditional Anglo-Catholic church will teach you a Christian orthodoxy virtually indistinguishable from Roman Catholic teaching.'

It doesn't add up to a very coherent set of rules of belief, does it?

'The Church of England doesn't believe in laying down rules,' he said. 'It prefers to give people space and freedom. It's enough to make the effort to attend and take communication. That shows you believe.'

This is the sort of woolliness that drives critics of the Church of England to distraction. If required by bureaucracy to declare their religious affiliation on a questionnaire, millions will tick the box marked 'C of E'. The rest is silence. What kind of an organization is it that makes itself as available as a local post office and requires virtually nothing of its adherents? The most characteristic English statement about belief is 'Well, I'm not particularly religious', faintly embarrassed by the suggestion that there might be something more to life. It sometimes seems the Church of England thinks God is just the ultimate 'good (3) chap'.

設問1 次の日本語が上の英文の主旨を要約した文となるには、空所（a）、（b）、（c）にはどのような言葉が入るべきか、それぞれ語群A、B、Cから選んで記号で答えなさい。

（a）の（b）が（c）であるということ。

語群A：ア 宗教　　　　イ ローマ・カトリック
　　　　ウ 英国国教会　エ キリスト教

語群B：ア 教義　　　　イ 組織
　　　　ウ 伝統　　　　エ 目的

語群C：ア 凡庸　　　　イ 貧弱
　　　　ウ 厳密　　　　エ 曖昧

設問2 下線を施した三つの語は、どのような意味で用いられているか。もっとも近い意味を持つ語をそれぞれア〜エのなかから一つ選び、記号で答えなさい。

(1) pliable
ア convertible　　イ flexible
ウ reasonable　　エ believable

第7章　多読——新渡戸稲造と斎藤秀三郎に学ぶ

---

(2) intriguing
ア　deceiving　　　イ　interesting
ウ　confusing　　　エ　complicating

(3) chap
ア　fellow　　　　イ　gentleman
ウ　chaplain　　　エ　neighbour

　それでは、簡単に解説をしておくことにしよう。まずは拙訳を掲げておくので、内容を確認してほしい。

　国ごと神に守られているという信念自体には、別段変わったところは見当たらない。戦っている軍隊のいずれの側にも従軍司祭がいて、それぞれ自分たちが神の仕事をしているのだとの嘘をまことしやかに語っている図は、戦争につきものである。だが、いかにも英国らしいところは、神に選ばれているという信念を抱きながら、教義にとらわれることのない、曖昧で柔軟な教派を作り上げたことだ。一方で、ユダヤ人が選ばれし民であるとの信条のうえに成り立つ正統派ユダヤ教は、およそこの世に存在するなかでもっとも戒律の厳しい、教条主義的な宗教の一つである。だが、英国国教会には、決まりらしい決まりなどほとんどないと言っていい。
　以前、オックスフォードの主教に、お宅の教会の

信者となるためには何を信じればよいのかと聞いたことがある。その顔にかすかな当惑の色が浮かんだかと思うと、主教は「面白い質問ですな」と言った。まるで、いままでそのようなことは考えたこともないと言わんばかりの反応であった。

正統派ユダヤ教の指導者やローマ・カトリックの司祭であれば、とてもそのような反応をするとは思えない。先を続けるべく口を開いた主教は、いかにも英国的な導入の文句から入った。「まあ、一概には申し上げられませんが」

「どこの宗派の教会に行くかによりますな。福音主義教会なら、本気で改宗をしなくては駄目だと言うでしょうし、伝統的なアングロ・カトリック教会に行けば、実質的にはローマ・カトリックの教えと変わらない正統主義を教えるでしょう」

これでは、どこを叩いても一貫性のある決まりなど出てくるはずがないではないか。

「英国国教会は、規則を定めることをあまり重視していないのです」と主教は言った。「それよりも信者をのびのびさせるほうが重要だということですよ。教会に出かけていって、みんなと交わろうとするだけでも十分じゃないですか。それだけでも信心の証というものです」

こういう曖昧な態度に接して、英国国教会の批判者たちは気が狂いそうになるのである。もしも事務手続きの関係で宗派を記入する必要が生じたときには、何百万の人が「国教会」のところに印をつける

だろう。あとは何も答えなくてよい。地元の郵便局なみに誰でも入ることができ、実質的に何一つ構成員に要求しない組織などがほかにあり得るだろうか？　信心に関するもっとも英国的な発言は、「まあ、それほど信心深くはないですから」というものである。そこには、人生以上の何かがあるのではないかとの示唆に対する当惑の響きがある。英国国教会が、神様を究極の「いい奴」としか考えていないのではないかとすら思えるときがある。

出典は、英国人の国民性を面白おかしく論じたベストセラー随筆、ジェレミー・パックスマンの『英国人——ある国民の肖像』(Jeremy Paxman, *The English : A Portrait of a People,* 1998) である。すでに訳文から明らかだと思うが、ここでは捕らえ所のないイギリス国教会の教義が中心的な主題となっている。したがって、**設問1**の答えとしては、aにウ、bにア、cにエを入れるのが正しい。全体のおおまかな意味を問う設問だったので、さほど難しくはなかったのではないだろうか。

設問2は、単語の意味を問う問題。より精緻な語彙力が試される。まず、(1)のpliableは、「曲げやすい、柔軟な；融通の利く」の意。この単語の意味が正確にわかっていないと、単に宗教の話らしいとの推測から、アのconvertible「変えられる、改宗させうる」か、エのbelievable「信じられる」に引かれてしまったかもしれない。正答は、イのflexible。ちなみに、労働者の都合に合わせた「融通の利く」勤務時間制度を「フレックス

タイム」(flextime) と呼ぶが（呼ぶなよ）、これは flexible time を短くしたものである。また、**ウ**の reasonable は、「道理をわきまえた、わけのわかる；妥当な」の意。これまたカタカナ英語で「リーズナブルな値段」などという言い方をするから（するなよ）、もっぱら「手ごろな」の意味で覚えている人がいるかもしれないが、これは特定の文脈における限定的な意味である。一般的に言って、カタカナ英語から元の英語の意味を類推すると、とんだ誤解を犯しかねない。見方を変えれば、おかしなカタカナ英語の氾濫が日本人の英語学習の妨げになっているとも言える。

(2)の現在分詞の元になっている intrigue には「陰謀を企てる」の意味があるため、これに引きずられると、**ア** deceiving「惑わすような」、**ウ** confusing「混乱させる」、**エ** complicating「複雑な」のいずれにたどり着いても不思議ではない。だが、intrigue には、もう一つ、「興味［好奇心］をそそる」という重要な意味がある。会話のなかに分詞形で現われる場合、むしろこの意味で用いられていることが多い。本文中で question を形容している intriguing も同じ意味を持つ形容詞的用法の現在分詞で、**イ**の interesting と近い（ただし、それよりはやや意外性が強い）意味を表わしている。

(3)の chap は、親しみを込めて人を指し示すときに使う語。「あいつ、奴」という意味の fellow と近い意味合いを持つ。したがって、答えは**ア**となる。イギリス英語で用いられることが多いので、good chap「いい奴」という表現は、アメリカ英語に馴染んだ人にはやや耳なれ

ないかもしれないが、この意味くらいは文脈から割り出してほしい。**イ**の gentleman と**エ**の neighbour（イギリスつづりであることに注意）については、とりたてて解説の要もないだろう。**ウ**の chaplain「（従軍）司祭」は、一度本文中に現われており、また第一音節が chap なので、正解に見えても不思議ではない。実際、chap が chaplain の省略形として使われることもある。だが、それは、特定の文脈がなければ成立しない用法で、「いわゆる」という意味合いの引用符つきで 'good chap' といえば、普通は「いい奴」という意味になる。

成績判定と学習方針

さて、それでは、この読解力判定試験の結果を元に、各自の読解力に合った多読・速読法を組み立てていくことにしよう。

先の試験の結果は、正答数にしたがって、2問ともに正解、1問だけ正解、正解なし、の三つに分けられる。1問だけの正解者は、設問1、2のいずれに正答したかによって二つに分けられるのだが、設問1に正答して、2で間違った人がほとんどであろう。少なくとも出題者側の計算では、設問2で問われているような細かい語彙の知識を有する読者なら、5分で英文の主旨を読み取れるはずだ。もっとも、ただの語彙マニアであれば、もしかしたら正誤が逆になるかもしれない。いずれにせよ、ここでは便宜上正誤の順番は問わないことにする。とりあえず、正答数だけを目安として学習方針を解説する。

まずは、設問1、2ともに不正解であった場合。語彙

が難しかった、論旨がつかめなかった、時間が足りなかったなど、いろいろ理由はあるだろうが、まだ多読・速読に入るのは時期尚早の感がある。辞書を引きながら、

［おかしなカタカナ英語］

　本章の文中でカタカナ英語の多用を戒めたついでに、英語学習者がカタカナ英語を用いることの危険性をあらためて論じておきたい。まず、やたらにカタカナ英語を使う癖がつくと、カタカナの音に引かれて正しい英語の発音が身につかない。次に、翻訳能力が低下する。これは日本語能力の低下にもつながる。

　さらに、もっとも憂慮すべきこととして、英単語の正しい意味がわからなくなる。ある英単語をカタカナ書きで日本語のなかに導入すると、ほかの日本語との意味のせめぎ合いのなかで、必然的にその意味がゆがんでしまう。そして、元の英単語とは違った意味で日本語のなかに定着したカタカナ英語は、もはや英語としては使えない代物になっているのだ。最近よく目にするカタカナ英語を三つ例に取って説明したい。

　一つ目は「ダイエット」。辞書を引いてみればわかるとおり、英語の diet は、日本語で表わそうとすれば「(日常の)食事、規定食、減量食」というような意味を担った単語である。飲食物として摂取するものであることに注意してほしい。

　ところが、これがカタカナ英語として定着した結果、ほとんど「減量」と同じ意味になってしまっている。だから、減量法を扱った本の題名に「ダンベル・ダイエット」「チューブ・ダイエット」「骨盤ダイエット」などという文字が並んでいても違和感がないだろうが、本来の意味を考えたら、こんな奇妙な言葉はない。ダンベルやチューブや骨盤など、食えるものなら食ってみろと言いたくなる。数日前に発見したきわめつけの減量法は、なんと「断食ダイエット」。仙人じゃあるまいし、

そしてできれば「辞書活用法」の章で解説したような単語帳を作りながら、文章のやさしい文学作品などを二つ、三つ読んでみるのがいいだろう。取っつきやすい作品と

COFFEE BREAK*3

霞(かすみ)を食べて減量しようとでもいうのだろうか。

二つ目は「カリスマ」。もともとはギリシャ語だが、おそらく英語（charisma）経由で日本語のなかに入り込んだものと思われる。「カリスマ美容師」とか「〜界のカリスマ」などという言い方をするから（だから、するなよ）、「(特定の領域・業界において)崇拝されている人」を指すものだと思っている人も多いのではないか。だが、この単語の本来の意味は、「(神から授かった)非凡な能力、大衆を引きつける力」である。つまり、「人」ではなくて「能力」を指す言葉なのだ。

三つ目は「リベンジ」。昨年、授業の課題として提出させた学生の英作文を読んでいたら、サッカーの試合を論じた文章のなかにThis is revengeなる不思議な文が現われた。何のことかさっぱりわからず、とりあえず前後の文脈を確認してみたら、どうやら以前対戦したことのあるチーム同士の試合を論じており、学生は前回負けたチームの側に視点を置いて書いている。つまり、今度の試合は「雪辱戦」だと言いたいらしい。それなら a return match [game] という表現を使うのが正しく、本来のrevengeはあくまで『ハムレット』の筋書きの中心にあるような生々しい「復讐(ふくしゅう)」のことである。たしかに、そこから転じて「雪辱の機会」の意味で用いられることもあるが、それはあくまで特殊な文脈での用法なのだ。

最近、日本語のなかで不用意に用いられる「リベンジ」が「雪辱」や「再挑戦」の意味で定着してしまっているため、本来の英語もそういう意味だろうと思っておかしな文章を書く。カタカナ英語の最大の弊害だと言えるだろう。

しては、『ハツカネズミと人間』、『真珠』(John Steinbeck, *Of Mice and Men*, 1937 ; *The Pearl*, 1947)、先述の『動物農場』(George Orwell, *Animal Farm*, 1945)、『ティファニーで朝食を』(Truman Capote, *Breakfast at Tiffany's*, 1958)、『老人と海』(Ernest Hemingway, *The Old Man and the Sea*, 1952)、映画版が大ヒットした『卒業』(Charles Webb, *The Graduate*, 1963) などがある。名作を平易な英語で書き直した改作版やハリー・ポッター・シリーズなどでもいいだろう。

同じようでも、この段階で英字新聞などは勧められない。英字新聞というのは、限られた紙面で最大限の情報を伝えることを至上の目的としているために、語法上やや特殊な約束事に基づいて書かれている。はじめのうちは、やはりできるだけ癖のない、上質な英文を教材とするに限る。

次に正答が1問だけの場合。これだけで一概に何パーセントの理解度とは言えないが、成人母語話者向けに書かれたものを辞書なしで読むのは、やや無理があるかもしれない。上に挙げたようなやさしい英語で書かれた作品を多読したり、すでに本書のなかで言及した作品、あるいは以下で挙げる作品のなかから自らの関心に合わせて数冊選び、辞書を引きながら読んでみるのがいいだろう。

それから、2問ともに正解の場合。これはもう英字新聞だろうが雑誌だろうが、手当たり次第に読めばいい。ただし、できれば上質な英語で書かれた文学作品や随筆などをたくさん読むことが望ましい。推薦図書は以下の

第7章　多読――新渡戸稲造と斎藤秀三郎に学ぶ

とおりである（本書のほかの部分で言及した作品は省いてある）。

Charles Dickens, *David Copperfield* (1849-50)
Lewis Carroll, *Alice's Adventures in Wonderland* (1865)
Mark Twain, *The Adventures of Huckleberry Finn* (1884)
Thomas Hardy, *Tess of the D'Urbervilles* (1891)
Oscar Wilde, *The Importance of Being Earnest* (1895)
Joseph Conrad, *Heart of Darkness* (1902)
E. M. Forster, *Howards End* (1910)
Katherine Mansfield, *The Garden Party and Other Stories* (1922)
F. Scott Fitzgerald, *The Great Gatsby* (1925)
Graham Greene, *The Power and the Glory* (1940)
Evelyn Waugh, *Brideshead Revisited* (1945)
William Golding, *Lord of the Flies* (1954)
J. R. R. Tolkien, *The Lord of the Rings* (1954-55)
Arthur Koestler, *The Sleepwalkers: A History of Man's Changing Vision of the Universe* (1959)
Kurt Vonnegut Jr., *Cat's Cradle* (1963)
Anita Brookner, *Hotel du Lac* (1984)
Jeanette Winterson, *Art Objects* (1995)
J. M. Coetzee, *Disgrace* (1999)

　問題は読む速度ということになるが、将来英語で飯を食おうという学生諸君には、少なくとも1日平均30ペー

ジ（欲を言えば40～50ページ）は読んでほしい。高度な読解力の養成を目指す社会人なら、1日平均10ページといったところか。ちなみに新渡戸稲造は、「五号活字の四六半截形(はんさいけい)の英書であれば、二分間で読むことは少しも困難でない」（『修養』）と書いている。四六半截形の英書とは、1ページが四六判と呼ばれる大きさ（縦約19センチ×横約13センチ）の英語の原書のことだと思われる。とすると、およそその1ページ分に当たる先の問題文を、新渡戸は約2分で読み解く計算になる。200～300ページの英書なら1日で読み終えてしまう速度である。

そこまでの多読・速読能力を身につけるのは容易なことではないとはいえ、毎日たゆまず努力すれば不可能ではない。少なくとも、より高い目標を掲げれば、それだけ高いところに登れるというものである。精進していただきたい。

★発展学習
上記の参考図書リストや、本書のほかの部分でなされた作家・作品紹介を参考にして、いまから1年以内に最低2000ページ分の英文を読みなさい。

Chapter Eight
Memorization

第8章
丸暗記
西脇順三郎に学ぶ

なぜ実践され続けてきたのか

昨今、丸暗記という学習法は人気がない。どうやら、きわめて受動的かつ非創造的なものとして退けられる傾向にあるようだ。とくに中高の英語教育においては、語彙や文法に関する正確な知識よりも、「積極的にコミュニケーションを図ろうとする態度」が優先されている。

たしかに丸暗記は退屈な学習法かもしれないが、それならばなぜ古来連綿と実践されてきたのか。それは、これほど確実に必要な知識が身につく方法がほかにないからである。

もちろん、暗記しているばかりではつまらない。だからこそ多くの学習法が工夫されている。だが、いかなる勉強、いかなる技能の修得においても、かならずどこかで馬鹿正直に知識を脳に詰め込む段階が必要となる。外国語学習においては、語彙や文法の習得過程がこれに当たるのだ。

●西脇順三郎　1894〜1982

英文学者・詩人。新潟県小千谷町（現小千谷市）の小・中学校で教育を受ける。上京して慶応義塾大学に入学、ラテン語で論文を書いて卒業し、ジャパン・タイムズに入社するが、病気のために退社。療養ののち、慶応義塾大学予科教員となる。1922年に慶応義塾留学生としてイギリスに渡り、ロンドンでイギリス文壇の空気に触れ、さらにオックスフォードにて古代中世英語・英文学を学ぶ。帰国後、慶応義塾大学文学部教授となり、英文学者と詩人の二足のわらじを履く。

西脇は、17歳で詩作をはじめてから20年ほどの間、もっぱら英語による詩を発表し、さらに英語による小説執筆を志して、膨大な英語小説のなかから例文を拾いつづけた。ノーベル賞候補にもなった大詩人・西脇順三郎の日本語の美しさは、そうした英語修業から生まれたものであった。

第8章　丸暗記――西脇順三郎に学ぶ

　ノーベル文学賞候補にもなった詩人・英文学者の西脇順三郎（左ページ下段参照）は、若い時分に『ナショナル・リーダー』をはじめとする英語の教科書や教材をひたすら丸暗記した。『井上英和』については、すでに中学時代にどこを聞いてもわからないところがなかったという。大詩人エズラ・パウンドをもうならせるほどの英詩を書いた彼の英語力は、修業時代に丸暗記で獲得した知識に支えられたものである。

とりあえず覚えてみる

　念のために言っておけば、暗記と暗唱とはだいぶ目的を異にしている。暗唱が音読・素読の延長として、いい文章の調子を体に刻み込むためのものであるとすれば、暗記は、もっぱら必要な知識を身につけるためのものである。必然的に、暗唱同様、同じものを何度も繰り返して読むことになるが、こちらは文法の解説文まで音読する必要はなく、また一言一句原文どおりに覚える必要もない。あくまで、正確な情報が脳に練り込まれさえすればよいのである。

　丸暗記に練習法やコツなどあろうはずもないが、どのくらいの気合いと集中力を必要とするものなのかを体感してもらうために、いままでと同じように例題を掲げておこう。まずはコロン（colon）とセミコロン（semi-colon）の用法に関する次の説明を丸暗記し、以下の設問に答えていただきたい。練習とはいえ、いまのうちに覚えておいて損のない文法項目を選んでおいた。ただの句読法とあなどらず、しっかりと暗記すること。

[コロン（:）の用法]
基本的には、具体的な内容や説明を提示するために用いられる。主な用法は次のとおり。

用法① 具体的な内容の列挙による説明を導く。

In the meantime, the dishes were ready : omelet, vegetable curry, grilled chicken, etc.

そうこうしているうちに——オムレツ、野菜カレー、鶏の焼肉など——料理の用意ができた。

用法② 具体的な説明の節を導く。

Then, something unexpected happened : her father suddenly dissolved into tears.

それから予期せぬことが起こった。彼女の父親が泣き崩れたのである。

用法③ 強調したい同格語句を導く。

English tea and Japanese tea arose from the same source : Chinese tea.

イギリスのお茶も日本のお茶も源は一つ、すなわち中国のお茶である。

用法④ 引用文（語句）を導く。

Okakura Tenshin, the great art critic of the Meiji era, explains the philosophy of 'Teaism' as follows :

> Teaism is a cult founded on the adoration of the beautiful among the sordid facts of everyday existence. It inculcates purity and harmony, the mystery of mutual charity, the romanticism of the social order. It is essentially a worship of the Imperfect, as it is a tender attempt to accomplish something possible in this impossible thing we know as life. (*The Book of Tea*)

明治時代の偉大なる美術批評家・岡倉天心は、「茶の湯」の哲学を次のように説明している。

> 茶の湯は、日常生活のうすぎたない出来事のなかの美を崇拝することから生まれた儀式である。それは純潔と調和、相互的慈愛の奥義、社会秩序のロマン的精神を我々の心に銘記させようとするものである。それは、我々が人

生という形で知っているどうしようもないもののなかで何かを確実に成し遂げようとする淡い試みであるから、本質的に不完全なるものを崇拝することである。(『茶の本』)

＊このほか、対句、時(間)・分・秒を表わす数字、聖書などの章句を表わす数字を句切るときの符号として用いられる。

[セミコロン (;) の用法]
基本的には、ピリオド (.) とコンマ (,) の中間くらいに位置する記号で、文の大きな構成単位同士を結びつける働きをする。主な用法は次のとおり。

用法① 等位接続詞的に独立した節同士をつなぐ。

There was a long pause before he opened his mouth again; the audience remained silent.

彼が再び口を開くまでにかなりの時間が経ち、[そして]聴衆は静まり返ったままであった。

第8章　丸暗記──西脇順三郎に学ぶ

用法②　コンマを含む項目を列挙する場合に、項目同士を句切るときの符号として用いられる。

The Japanese tea ceremony has a set of formal rules and manners which the host and the guests are expected or even required to follow: preparing and dressing carefully; purifying one's hands and mouth; entering the tearoom by crawling through a small door; bowing, greeting, and turn-taking in the tearoom; and so on.

日本の茶会には──入念に準備をし、きちんと準備や身支度を整え、手と口を浄（きよ）め、にじり口から茶室に入り、茶室に入ってからはおじぎをし、挨拶（あいさつ）をし、順番に事を運ぶといったように──亭主も客も守ることを期待されている、いや守らなくてはならない一連の作法がある。

＊第1の用例で見たとおり、セミコロンは等位接続詞的な機能を果たすため、通例、等位接続詞とは共起しない（＝一緒には用いられない）が、接続詞的な機能を持った副詞（句）とは共起する。

People living in England, whose rural landscape

> mostly consists of the ranges of gently-sloping hills unrolling themselves in pastoral distances, may think of mountains as something rather exotic and mysterious; on the other hand, to the people living in the Alps, mountains are the harsh realities of life they have to tackle.
>
> 田舎にいってものどかな丘陵がなだらかな曲線を描きながら広がっているイギリスに住んでいる人は、山というものを何か異国的で神秘的なものと考えるかもしれないが、一方、アルプスに住んでいる人にとってみれば、山は自分たちが格闘しなくてはならないきびしい現実である。

　以上がコロンとセミコロンの主な用法である。形が似ているため、本来コロンを用いるべきところにセミコロンを用いたり、あるいはセミコロンを用いるべきところにコロンを用いたりする人が非常に多く、学生の作文や論文の添削をしていて一番目につく記号の誤用がこの二つの混同だと言っていい。ぜひこの機会にそれぞれの用法をしっかり覚えていただきたい。

知識の確認
　それでは、コロンとセミコロンの用法に関する知識が正確に脳に蓄えられたかどうかを、以下の三つの設問に

第8章　丸暗記——西脇順三郎に学ぶ

答えるという形で試してみよう。ただし、今回は一気に3問に解答するのではなく、1問ずつ答え合わせをし、間違った段階でまた暗記をやり直していただきたい。

> **設問1**　次の英文を読み、空所に入るべき記号がコロン、セミコロンのいずれであるかを答えなさい。
>
> People climb mountains for many different purposes ( ) developing their physical strength, avoiding the heat of the summer, doing research into mountain vegetation, and so on.
>
> ［注］
> vegetation : plant life

　文の前半部は「人はさまざまな目的のために山に登る」、後半部は「体力づくり、避暑、山の植物の研究など」の意。つまり、後半部が具体例の列挙による many different purposes の説明となっている。したがって、答えはコロン。**用法①**に当たる。

> **設問2**　次の一節は、まとまった英文の前半部

である。これを読み、セミコロンの用法に注意しながら、これに続くものとしてもっとも適当な英文を下の**ア〜ウ**のなかから一つ選びなさい。

Once you are authorized as an informant, you are expected to have a correct and detailed knowledge of what you are talking or writing about;

ア a tiny bit of wrong information can be enormously damaging, since it may stay with the audiences or readers for their lifetime.

イ politics, education, religion, music, your family and personal history or whatever.

ウ and even if you are hundred percent sure of your knowledge, you cannot be too careful about the way you impart it.

[注]
authorize : give authority to (a person to do a thing)
informant : giver of information
impart : give (information, knowledge, wisdom etc. to someone)

第8章　丸暗記——西脇順三郎に学ぶ

　問題文の後半部に掲げられている英文は、「ひとたび情報提供者として認められれば、話したり書いたりする内容に関する正確かつ詳細な知識を有していることを期待される」の意。文頭の Once は、「ひとたび……すれば」という意味で、ここでは接続詞として使われている。

　選択肢に挙げられている英文を訳せば、それぞれ、ア「ほんのちょっと間違った情報を与えただけでも、人に大きな損害を与えることになりかねない。なぜなら、その情報を聞いたり読んだりした人が、それを一生正しいと思い込んでいる場合もあるからだ」、イ「政治、教育、宗教、音楽、自分の家族や経歴などなど」、ウ「そして、たとえ自分の知識が百パーセント正しいと思っていても、その伝え方にはいくら注意してもしすぎることはない」となる。

　一見、選択肢のなかからどれを選んでも正しい文になりそうだが、セミコロンの使い方からすれば、問題文に続くものとしてもっとも適当なものは、それと等位の独立節たる**ア**である。**イ**は、問題文の最後に出てくる what you are talking or writing about の具体例を列挙しているから、これを導くとしたらコロンが用いられていなくてはいけない。また、**ウ**については、等位接続詞の and が余計である。セミコロンに関する最後の注意書きを確認のこと。

設問3　次の英文を読み、コロンとセミコロン

の使い方の正誤を判定しなさい。

Martial arts used to be practical skills for fighting on battlefields: they were originally designed to kill people. Warriors were always living next to the gate to death, a view of warriorship which was tersely summed up in a famous aphorism of Yamamoto Tsunetomo in his *Hagakure*; 'Bushido is a way of dying.'

[注]
tersely: neatly and concisely
aphorism: a short wise phrase

武術はもともと戦場で戦うための実戦的な技術であり、人を殺すためのものであった。兵士は死と背中合わせの生活をしていたのであり、武士道の考え方は、『葉隠』のなかにある「武士道と云ふは、死ぬ事と見付たり」という山本常朝の有名な金言のなかに簡潔に要約されている。［拙訳］

1文目の前半部と後半部は、いずれも元々の武術が殺傷のための実戦的な技術であったことを違った言い方で表現している。後半部は、別に前半部の具体的な説明になっているわけではない。このような等位の独立節同士

をつなぐのは、コロンではなくセミコロンである。

2文目の最後にある文句は、その直前に出てくる『葉隠』からの引用であるから、これを導くためには、セミコロンではなくコロンが用いられていなければならない(コロンの**用法**④)。つまり、問題文においては、用いられるべき記号がそれぞれ逆になっているのである。

学習の目安

ここまでたどり着いた読者は、とりあえずコロンとセミコロンの使い方は正確に把握したことになる。だが、すでにおわかりのとおり、いままで行なってきたことは単なる句読法の確認ではなく、高度な文法学習でもあった。このように、言葉が有機的な記号体系である以上、ある文法項目に関する知識を獲得しようとすれば、かならずほかの項目に関する知識を確認することになる。受動的・非創造的な学習法と決めてかかる前に、まずだまされたと思って(思う必要もないが)丸暗記を実践していただきたい。

とはいえ、何でもかんでも丸暗記すればいいというものではないし、記憶力にも限界がある。また、西脇のように趣味として楽しんで実践するのでもなければ、辞書の丸暗記など、とてもお勧めできる学習法ではない。日常的に実践するのであれば、一度に覚えきれるのは、ある文法事項の下位項目(たとえば、それぞれ「分詞構文」、「仮定法」、「話法」という文法事項の下位項目としての「独立分詞構文」、「仮定法過去完了」、「自由間接話法」)、あるいは語彙項目7、8個といった程度の分量が適当だろう。

この機会に英文法の知識を確実なものにしておきたいという方は、次の発展学習に取り組んでいただきたい。使用する文法書については、第12章を参照のこと。

★発展学習
高校で学習する程度の英文法事項を網羅した英文法書（「文法解析」の章の発展学習で用いたものと同一のものでも構わない）を丸暗記しなさい（所要時間は2、3カ月程度。最低3、4回の通読が必要と思われる）。

Chapter Nine
Composition

第9章
作文

岡倉天心と西脇順三郎に学ぶ

理解と生成

語学力を論じる際、それを聴解力、会話力、読解力、作文力の四つの能力に分けることが多い。そして、通例、話し言葉の運用能力として最初の二つを、書き言葉の運用能力としてあとの二つを組み合わせる。昨今の英語教育において、残念ながら前者にのみ力点が置かれているのは、すでに何度も論じたとおりである。

だが、僕自身の英語学習・教育の経験から言えば、学習段階が進むにつれ、しだいに聴解力は読解力に、会話力は作文力に近づいてくる。すなわち、伝達内容が高度になれば、話し言葉と書き言葉の差が小さくなり、今度は語学力が理解（聴解と読解）と生成（会話と作文）という形で分極化するらしい。

したがって、高度な内容のことを口頭で伝えられるようになりたかったら、作文の練習をみっちりやっておくとよい。最初は1文書くのにも苦労するかもしれないが、やがて文章を書き慣れてくると、頭のなかだけである程

●岡倉天心 1862〜1913

美術行政家・思想家。幼少時より英学と漢学を修め、東京外国語学校、東京開成学校およびその後身たる東京大学で学ぶ。卒業後、文部省に入って美術行政に携わったのち、東京美術学校校長となるが、排斥運動にあって辞任、野に下って日本美術院を創設。1904年にボストン美術館東洋部顧問となり、日米での二重生活を送る。

彼の英語力を示すものとして、「おまえたちは何ニーズだ？ チャイニーズかジャパニーズかジャヴァニーズか」と聞かれ、「あんたこそ何キーなんだい？ ヤンキーかドンキーかモンキーか」と答えたという逸話が有名。彼の英文著作『東洋の理想』『日本の目覚め』『茶の本』は、いまだに外国の日本研究者の必読書である。

第9章 作文──岡倉天心と西脇順三郎に学ぶ

度まとまった文章の枠組みを作ることができるようになる。そうなればしめたものだ。今度は、それを元に空で文章を仕上げるような練習をすれば、会話や口頭発表もうまくなる。

もちろん、会話や口頭発表の上達を目的としたものでなくても、作文は作文として意味がある。それどころか、語学力のなかでおそらくもっとも高度な技術である作文術を会得しないかぎり、いくら日常的な英会話が器用にこなせたとしても、英語を習得したとは言いがたい。

いやしくも英語を使って仕事をしていると言うからには、修辞法の利いた手紙や電子メール、あるいは文法的な誤りのない企画書を書くぐらいの英語力がなくてはいけない。日本の英語達人のなかには、岡倉天心(左ページ下段参照)や西脇順三郎のように、母語話者にとっても難しい詩作という言語活動を行なった人たちがいる。最終的には、その高みを目指していただきたい。

見たことのある英語表現だけを使う

作文練習を行なうにも、基本は同じ。真似と反復である。最終的には文学的な創作という高みを目指すと言っても、最初から文法や文体的慣例を無視してただ書きまくっていたのでは、変な癖がついて、むしろ逆効果となる。

職業柄、英語研究を専門とする大学生・大学院生の論文を読む機会が多いが、英語が専門だと言っても、かならずしも皆が皆うまい英語を書くとは限らない。どこでどうやって習ったものか知らないが、ときにとんでもな

く筋の悪い英語に出くわし、論文の内容を理解するのに一苦労することがある。

　数年前、そういうひどい思いをしてようやく一編の論文を読破し、論文審査に臨んだときのこと、執筆者たる学生にどう嫌味を言ったものかと思って発言の機会を窺っていたら、同じく審査員として隣に座っていた同僚の大堀壽夫助教授が先に口を開いた。「君ねえ、見たことのない英語は書くもんじゃないよ」。

　なるほど、うまいことを言うものだ。もちろん、新語や造語を使うなという意味ではない。紙面を埋めていたのはきわめて当たり前の単語ばかりなのだが、その並び方、結びつき方が珍妙なために、英語のリズムに乗ってすんなりとその意味が頭に入ってこないのである。

　いったん変な英語を使う癖のついた学生に英作文を仕込むのは、一から英語を教えはじめるよりもはるかに骨が折れる。まずは、その体に染みついたおかしなリズムを忘れさせるために余計な手間がかかるからだ。

　一度、向学心も根性もありながら英語の語感だけが妙に悪い大学院生の指導を受け持ったことがある。いっそ英語で論文を書くことをあきらめさせようかとも思ったが、その根性を見込んで、厳しい訓練項目を課することにした。基本的には、すでに解説してきたような内容のものだが、一つだけ特別な禁止条項を設けた。半年の間、よほどの必要に迫られないかぎり、英語を話したり書いたりしてはいけないと命じたのである。その指導が功を奏して、1年後には語感もだいぶ矯正されていた。

　要するに、ひとりよがりの英語を書いてはいけないと

第9章 作文──岡倉天心と西脇順三郎に学ぶ

いうことである。最初のうちは、継ぎはぎだらけでもいいから、見たことのある表現だけを使って作文をする習慣を身につけること。もちろん、読書量が少なければ、必然的に見たことのある英語表現は限られてくるから、ろくな作文はできない。一つの文章を書き上げるのに、少なくともその数十倍の関連文献を読んで、使えそうな表現を拾い出すくらいの作業が必要だ。欲を言えば、多読の修業中にもつねに自分が英語を書くときのことを想定し、役に立ちそうな表現が出てきたらノートに書き取っておくくらいの努力をしてほしい。

ただし、念のために言っておけば、著作権に関わるほどの分量を丸ごと借用することは絶対に避けなくてはいけない。下手をすると剽窃(ひょうせつ)の罪に問われる危険性もある。手本として使用するのは、あくまで語彙項目や慣用表現くらいにとどめておくのが無難である。

作業手順

それでは、具体的な作業手順を説明しておく。たとえば、「彼女の態度で一番いらだたしいのは、人生の暗い面ばかりをくどくどと話すところである」という意味合いの文を書こうとしているとする。こういうとき、一般的に言えば、まず書きたい内容に関係している本を読む。今回は作業手順を例示するだけなので、すでに本書のなかで引用した英文のなかから関連表現を抜き出すことにする。

上記の日本語で表わされるような内容(和文英訳ではないことに注意)を思い描きながら本書中の英文を注意

深く読んでいくと、「多読」の章で引用した随筆文（p. 90）のなかに But what is perhaps most curious about the English experience is the way in which a belief that they had been chosen by God could have produced a version of religion so temporizing, pliable and undogmatic という文があることがわかる。このなかの what is most ... about ... is the way ...という基本構文が使えそうだ。

また、誰かが誰かの振る舞い方に対して不快の念を抱いている内容であることを考えれば、「音読」の章で引用したイシグロの小説の一節（p.28）が参考になるだろう。そう考えながら文章を読んでいくと、たしかに certain aspects of Akira's behaviour began seriously to irk me、his endless harping on the achievements of the Japanese、Most irritating of all were those occasions ...など、関連表現満載だ。このなかから、behaviour（アメリカつづりなら behavior）「態度」、harp on ...「～についてくどくど話す」、(most) irritating「（一番）いらだたしい」をいただくことにしよう。

さらに、ほかの英文についても同じように調べていくと、「素読」の章で引用し（p.37）、「文法解析」の章で解説した文章（p.47～48）のなかに、接続詞的な the way の用法が見られる。これで、What is most irritating about her behavio(u)r is the way she harps on ...までは完成である。

最後に、（上では「人生の暗い面」と表現されている）「彼女」がくどくどと話す事柄をうまく言い当てている表現を探してみる。すると、「丸暗記」の章の例文中に

第9章　作文——岡倉天心と西脇順三郎に学ぶ

引用された岡倉天心の言葉（p.107）のなかに the sordid facts of everyday existence「日常生活のうすぎたない出来事」という表現が見つかる。これを使ってもいいだろうが、やや文語的すぎて文意にそぐわないと感じたら（そう感じるくらいなら大したものだが）、そこでようやく和英辞典を開く。和英辞典なるものは、ここまで構文を絞り込んでから使うべきもので、それを最初から頼りにして、いちいち日本語を英語に直してはつなぎ合わせていくからおかしな英語ができ上がる。

さて、和英辞典で「人生」、「生活」、「暗い」、「汚い」、「面」など、表現したい意味に関連する語彙項目を当たっていけば、the dark side of life くらいの句は容易にでき上がる。ちょっと気の利いた辞書なら、「暗い」の用例としてその句ごとまるごと載せているだろう。日本語から調べはじめると出てこないかもしれないが、何かの拍子で seamy「縫い目のある；裏面の、見苦しい」という単語に出くわせばめっけ物だ。それに引っぱられて、かならず the seamy side of life「人生の裏面」という慣用表現が出てくる。

これでめでたく What is most irritating about her behavio(u)r is the way she harps on the dark [seamy] side of life という文が完成した。あとはこれをしっかり書き留めておきさえすれば、記録にも残るし、記憶（の少なくとも片隅）にも残る。いつか同じような意味合いのことを表現したいときには、今度はこれを参考にすることができる。このようにして、自分の手持ちの表現を増やしていけばいいのである。

英文を書きためる

　同じ要領で、次に自分が日頃英語で伝えたいと思っていることに関して、ある程度まとまった文章を書く練習をし、でき上がったものを取っておく。国際的な通信、講演、口頭発表、座談などいろいろな場合に備えて、俗な言い方をすれば、「持ちネタ」を増やしていくのである。

　先の手順を繰り返していくことを考えると後込みしてしまうかもしれないが、英文を書き慣れてくればさほど苦ではなくなるし、質のいい英文を書きためておけば、のちのち役に立つ。状況に応じていろいろな使い方ができるはずだ。

　たとえば、僕自身の例で言えば、常日頃、英語教育と英語文学研究の融合や、英語による文化的発信を唱えていることもあって、英語文学作品の内容に絡めて日本文化の話をしたりすることが多い。たまたま平成15年度から始まる放送大学の英語講座を担当することになったので、日本文化と英語圏文化との比較を主題とした授業をしようと思い、いくつかの文化事象に関する随筆文を書き下ろした。

　執筆の第一義的な目的は教材作成だが、いずれは自分の文化的発信に役立てたいという思いもある。日本人の職業意識と、カズオ・イシグロのブッカー賞受賞小説『日の名残り』(*The Remains of the Day*, 1989) に描かれた執事の職業意識を論じた拙文を次に掲げておくので、参考にしていただきたい。

第9章 作文──岡倉天心と西脇順三郎に学ぶ

To Be or Not to Be at Your Parent's Deathbed
SAITO Yoshifumi

In Japan, certain types of occupation are associated with the misfortune of missing a chance to say a proper farewell to a dying parent. It has been proverbially said, for example, that artistes and entertainers, or *shogi*- or *go*-players, can hardly be expected to be present at their parents' deathbed.

From the Confucian point of view, comforting a dying parent is one of the most important filial duties, and we should not allow any business to prevent ourselves from fulfilling it. It sometimes happens, however, that people are too busily engaged in their immediate work to go home to their parents' deathbed in time to find them alive. Such a misfortune indeed tends to happen more often to people following highly specialized professions than to others, and it is not surprising that Japanese professionals, with their firm belief in vocation and artisanship, have elaborated a special work ethic in which all the negative implications of their possible belated homecoming can be counterbalanced by the virtue of professional devotion.

Of course, Japan is not the only country where this particular virtue is highly appreciated; some European countries, especially Germany and Britain, also have strong work ethics, which have been formed in the long tradition of guild apprenticeship. In those countries people learn how to balance professionalism and a set of family values through their professional training and collaboration with their fellow workers, and how to cope with situations in which they are incompatible with each other. And people following the more specialized professions naturally need a more solid work ethic to justify their sacrifice of some of the major family values.

Among those highly specialized and skilled workers are butlers. A butler is the chief manservant of a big house, who lives in the house and takes care of all the affairs of the household from financial management to service at table. In his code of action, loyalty to his master or mistress takes precedence over any other human virtue, and he is trained to suppress his emotions even when faced with the gravest personal misfortunes.

Kazuo Ishiguro's Booker-Prize-winning novel *The Remains of the Day* beautifully represents the life and mental conflicts of a butler who serves an English aristocrat and later an American gentleman. In one part of the story, Stevens the butler keeps serving conference guests quite normally, judging at least from the way he describes the scene, even though he knows his father has suffered a stroke and become critically ill. Later in the evening his father dies in his sonless attic without disturbing the smooth functioning of the conference in any way. Thirty-three years later Stevens reminisces with professional pride about the evening: 'For all its sad associations, whenever I recall that evening today, I find I do so with a large sense of triumph.'

Readers will be impressed by the way Stevens tries hard to be faithful to his duties, but if we listen very carefully to his narration we find a lot of contradictions, which in turn reveal how agitated he was on the evening of his father's death even as he flawlessly maintained his persona as a dignified butler. The story is all the more moving because a seemingly perfect butler turns out to be a loving son, thereby reminding us that no work ethic can stop us from being human.

[飲む？ 食べる？] COFFEE BREAK＊4

日本語と英語との差異ばかりが強調された結果、ある英語表現に関して間違った固定観念が生まれることがある。そのいい例がスープの「飲み方」。日本語ではこのとおり、味噌汁やスープは「飲む」と表現することが多い。だが、英語ではスープは「食べる」(eat) ものだと習った人が多いのではないか。オックスフォード大学出版局の『英語の疑問』(Questions of English, 1994) は、Do you eat soup or drink it？という質問に対し、実に明快に答えている。曰く、どちらも正解。コンソメのような薄いスープなら「飲む」だろうし、野菜スープのようなものなら「食べる」。外国人に「けんちん汁は食べるものか飲むものか？」と真顔で聞かれたら、どう答えたらいいだろうか？

創作

　文学的創作は、母語であっても難しい。ましてや外国語で文学作品が作り出せるようなら、すでにその外国語は完全に習得したと考えていいだろう。もちろん、いままで行なってきた作業もある意味では創作であり、随筆に至ってはもう文学に入り込んでいると言ってもいい。だが、外国語で立派な詩や小説が書けるようなら、これはもう達人レベルである。

　とはいえ、達人レベルを目指す外国語学習者がみな詩や小説を書かなくてはいけないということではないし、書こうと思ってもそう簡単に書けるものではない。学習者は、それぞれの専門領域のなかで不自由なく英語を使いこなせるようになれば、普通は十分としたものである。ただし、あくまで文学言語の理解と運用とがもっとも高度な英語力であることは、ここであらためて力説しておきたい。

　そして、文学を専門としない塾生にも、英語修業の一環として、ごく短い物語、あるいは昔話の縮約版などを書いてみることをお勧めする。でき上がった物語自体は専門に役立たないとしても、英文を書くときの時制の定め方、視点の選び方、さらに修辞技巧の使い方において学ぶところが多い。とくに小説を創作するにあたって注意すべき文体事象については、拙著『英語の作法』（東京大学出版会）を参照のこと。

　もちろん、文学的創作を行なう場合にも、まずは「見たことのある英語表現だけを使う」という基本に忠実に作業を進めていただきたい。西脇順三郎は、英語で小説

第9章 作文──岡倉天心と西脇順三郎に学ぶ

を書こうとして英国小説から例文を採取していたが、弟子の話によれば、その分量はノート100冊分くらいになるという。そこまでの努力を惜しまない人間だけが達人になり得るのである。

　岡倉天心と西脇順三郎が書いた英詩は、それぞれ1編ずつ『英語達人列伝』に載せてあるが、西脇の詩をもう1編下に掲げておくことにしよう。先の2編とあわせ、文学的創作の際の参考にしていただきたい。

The Sadness of Bottles

Steps lead down to a forgotten meridian
A window dug in the pavements
A hundred bottles are labelled
Pipes in two tranquil mouths
　　　A bottle is emptied
　　　A non-stop train runs deeper
　　　A clock has stopped
Cards
　　　Black clovers, red diamonds
　　　Blue tired souls
A table has four legs
　　　The solitude of all the world
　　　Drips into the emptied bottle
What a beautiful landscape !　　　(*Spectrum*, 1925)

　　　　瓶の悲しみ

歩みは忘れられた子午線の方に降りていく
鋪道(ほどう)に掘られた窓
百本の瓶にラベルが張られている
ふたつの静寂な口元にパイプがある
　　　　瓶が一本からになった
　　　　急行電車が一段と深い層を走る
　　　　置時計がとまった
トランプの札
　　黒のクローバ　赤のダイヤ
　　青い疲れた魂
テーブルには四本の脚がある
　　世界じゅうの孤独が
　　からになった瓶の中へしたたる
なんとみごとな景色であるか！　　　　（新倉俊一訳）

第9章 作文──岡倉天心と西脇順三郎に学ぶ

★発展学習
自作の短い物語、もしくは日本の昔話の縮約版（「桃太郎」「浦島太郎」「鶴の恩返し」「花咲か爺さん」「一寸法師」など）を1000語程度の英語で書きなさい。物語として書くときは過去時制、物語を説明的に要約するときは現在時制を用いること。

Chapter Ten
Utilizing Audio-Visual Materials

第10章
視聴覚教材活用法

4種類の学習法

前章までは、日本の英語達人たちの学習法を現代風に作り直して紹介してきた。本章では、現代という時代だからこそ可能な英語の独習法を紹介する。すなわち、さまざまな視聴覚教材を利用した学習法である。

一口に視聴覚教材と言っても、テレビ・ラジオ番組、テープ・CD教材、ビデオ・DVD教材、インターネット教材をはじめ、多種多様なものがあって、その用途もさまざまである。また、その難易度によっても、それに連動する印刷教材があるかないかによっても、だいぶ使い方が違ってくる。本章では、教材の種類と難易度によって、聴き流し、物真似発声、聴解・書き取り、反復再生の4種類の学習法を解説する。

いままでの学習法同様、本章で解説する学習法を実践するにあたっても、特別な出費は必要ない。とりあえずテレビ、ラジオ、ビデオ・デッキ、カセット・CD・MDプレーヤーあたりが揃っていることを前提として話を進めるが、最低カセット（CD・MD）プレーヤーがあれば、十分勉強はできる。

もちろん、機器だけ揃っていてもどうにもならない。それを用いて再生する視聴覚教材を用意してもらうことになるが、ここでも高価なものを買い求める必要はない。家の押し入れを探せば、昔買った受験準備用のカセット・テープや英会話のビデオ・テープなどが眠っているだろう。また、テレビやラジオの英語番組を録画・録音・編集して、自分用の教材を作ることもできる。さら

に、最終章で解説する英語教材の選び方を参考にしながら、必要に応じていくつか教材を買い足せばいい。

身の回りにある視聴覚教材をすべて搔(か)き集めたとして、先にも述べたとおり、そのすべてが同じ形で使えるわけではない。内容がほとんど理解できないほどの早口でまくしたてられる母語話者同士の会話を収めた視聴覚資料で、それを書き起こした印刷教材などがついていないものは聴き流し用、内容的には理解できるものの自分の専門や関心に絡まず、また正確な文言を字面で確認することができないものは物真似発声用、視聴覚資料と印刷教材が組みになっているもので、内容的に自分の専門や関心に合致していないものは聴解・書き取り用、合致しているものは反復再生用といった具合に、資料・教材に応じて使い分けをすることをお勧めする。資料・教材の区分けが終わったら、さっそく学習に取りかかろう。

聴き流し

これは、読んで字のごとく、英語の音声を聴き流しているだけのことで、達人を目指す塾生にとっては、学習法というよりも日頃の心がけと言ったほうがいいかもしれない。机に向かってまとまった勉強ができないときなどに、ただ英語を流しておけばいいのである。

音声を流しっぱなしにすることを考えると、教材としてはラジオ放送を用いるのがもっとも都合がよさそうに思われるが、現在のところ、音楽をのぞく英語の音声を長時間にわたって流している国内放送は見当たらない。僕自身は、外国の短波放送が受信できる（けっこう高価

な）ラジオまで買っていろいろ試したけれども、ある一定時間はBBCワールドなどの放送が受信できるものの、少なくとも東京で受信するかぎり、電波が安定せず聴きづらい。もっとも、僕はかなり重度の機械音痴なので、あまり自信をもって言い切ることはできないが、個人的な経験からすれば、ラジオは案外使い方が難しい。

　ただし、英語圏に短期の語学研修や旅行などに出かけるときには、小型ラジオを携行することをお勧めする。テレビやラジオが完備されたホテルにこもっているのでないかぎり、一人でいるときには、意外に英語が聞こえてこないものである。そういうときに、とりあえずラジオをつけて受信ダイヤルを回していると、地元の放送などが鮮明な音声で飛び込んでくる。それを流しておくだけで、けっこう耳が鍛えられる。

　僕の経験から言って、国内での聴き流し学習の際にもっとも使い勝手がいいのは、やはり古典的なカセット（かつ／またはCD）プレーヤーである。最近では、ちょっと気の利いたものになると自動繰り返し機能（オート・リピート）などがついているから、それを利用すれば、同じ音声をずっと流し続けることができる。英語の音に耳を慣らすことが目的なので、内容はほとんど問題にならない。

　ただし、英語の歌を流すのはやや意味合いが違ってくる。英語の歌詞を主要教材とする学習法もないわけではないが、それで高度な英語力を身につけたという話は残念ながら聞いたことがない。やはり日常言語の音声のほうがいいだろう。押し入れで眠っていた音声教材などの英語の部分だけをつなぎ合わせ、できれば自分で聴き流

し用の教材を作っていただきたい。質のいい教材が作れれば、次の物真似発声練習にも利用することができる。

物真似発声

これは僕自身が好んで実践してきた学習法である。もとより物真似は大の得意なので、さして苦に感じることもなく、当たり前のようにして続けてきたのだが、ほかの人にとってどれほど馴染みやすいものかはよくわからない。ただし、最近、類似の学習法が提唱され、広く実践されはじめているらしい。

先ごろ、ある英語の先生から「シャドーイング」(shadowing) なる学習法があることを教えられた。聞けば、手本となる英語の音声を、まさに「影」となって追い掛けるようにして発音練習をするのだそうだ。

カタカナで言うから最新の学習法のように聞こえるが、何だ、その程度のことは、こちとら30年前からやっているよ（さらに物真似入りだぞ）と言いたくなった。「シャドーイング」にしろ、英語による授業で生徒を「英語漬け」にする「イマージョン・プログラム」(immersion program) にしろ、日本に昔からある学習法・教授法も知らずに、外国から仕入れてきたものだけを無闇に有り難がるところが、日本の英語教育界の駄目なところだ。

物真似発声法のコツは、とにかく話し手になりきること。とはいえ、教材が音声だけのものか、音声と映像が一体になったものかどうかで、幾分やり方が異なる。

まず、テープやCDなどの音声教材の場合。発声練習をするときの手掛かりがプレーヤーから流れてくる音声

だけなので、どうしてもその少しあとについて声を出すことになる。内容を完全に理解する必要はない。また、流れてくる音をいちいち正確に追い掛けていく必要もない。軽くつぶやくような感じで口を動かし、ときどき耳慣れた語句をまとめて聴き取ったときなどに、その発音を真似してはっきりと発音すればいいのである。

次に、テレビの英語放送、ビデオ、DVDなどの資料を使う場合には、音声はもちろんのこと、英語を話している人の態度や動き方に注目する。そして、いま画面上で英語を話しているのが自分であるという心像(イメージ)を描き、先の要領で軽く声を出したり体を動かしたりしながら、実際の話者の口の動き、手の動き、表情の作り方を自分の神経と連動させる練習をする。発話を書き起こした印刷教材があり、なおかつそれが自分にとって興味の持てる内容のものであるならば、そのまま反復再生の練習に移行してしまってかまわない。

聴解・書き取り

これも、カタカナで言うなら、いわゆる「ディクテーション」(dictation)である。教材から流れてくる英語を聴き取って紙に書きつけ、答え合わせをする。音声が聴き取りやすいものであれば映像の有無は問題にならないが、学習法の性格からして、音声を書き起こした印刷教材がついているものが好ましい。

この学習法のいいところは、自分がどれくらい聴き取れているのかがはっきりとわかるという点である。外国語を学習する場合、何となくわかったような気になる、

何となく通じたような気になることが一番いけない。英語を正確に理解・運用する癖をつけるためにも、また自分の英語力を測るためにも、ぜひこの学習法を実践していただきたい。

以下では、「作文」の章でも触れた放送大学のテレビ英語講座「英語 IV —— Cultural Crossroads」を利用した聴解・書き取り法を解説しておく。平成15年度から18年度までは、本講座の正式な受講者でなくとも、Sky PerfecTV（もしくは何らかのケーブル・テレビ）に加入しているか東京・千葉近郊に住んでいる方なら、少なくとも音声はきれいに受信できるはずなので、実際に試していただいてもいいだろう（ただし、そのためには市販の印刷教材を購入する必要があることを、念のために申し添えておく）。それ以外の方は、あくまで学習法の一例としてお読みいただきたい。

先にも述べたとおり、放送大学英語講座「英語 IV」は日本文化と英語圏文化との比較を主題とした授業であり、テレビ番組は、大きくエッセイ講読、インタビュー聴解、練習問題の三つの部分に分かれている。このうち、聴解・書き取り練習には2番目のインタビュー聴解の部分が有用である。

この部分では、ある文化事象に関する母語話者の談話が主たる教材となっており、最初の部分でそれがまとめて流される。1回あたり平均5分程度の短いものなので、全15回分の録音・録画テープなどを編集し、1本の MD などにまとめてしまったほうがいいかもしれない。

全15回の講義うち、山のイメージに関する文化比較を

主題とした第6回「山／Mountains」を例に取ろう。この回の聴解部分では、山のイメージや登山の楽しみに関するミドルセックス大学のアラン・デュラント教授の談話が流れる。それを聴きながら一度に全部書き取るのは至難の業なので、いったん何かに録音した上で、自分の聴解能力に合わせて分量を決め、何度も再生しながら書き起こし作業をするといいだろう。

デュラント教授の談話に即して言えば、全体が四つの部分に分かれるので、たとえばそのうちの一つ、「日本の山岳信仰とイギリス・ロマン派の自然崇拝はどう違うのか？ (How would you explain the differences between the mountain worship in Japan and the nature worship in English Romanticism ?)」という質問に対する答えを1回分の練習に当てるとする。談話の長さも1分程度なので、1回分の課題としてはまずまず妥当なところだろう。この部分の音声を何度か再生して、これ以上はどうしても聴き取れないと思った時点で書き取りをやめる。

聴き取り・書き取り練習が終わったら、今度は答え合わせをする。自分がどれだけ聴き取れているか、さらには自分が聴き取ったものが文法的・書記法的に正しく書き取られているかどうかを確認するのである。

番組で流される談話については、それを書き起こしたものを市販の印刷教材に載せておいたので（ただし、談話を書き言葉として表記するに際して、言い淀みや文法的な混乱を修正したため、実際に放送教材として流される音声と印刷教材の英文とが若干違っている箇所がある）、その当該箇所を見て答えを確認してもらうことになる。上記の談

第10章 視聴覚教材活用法

話が正しく書き起こされていれば、次のようになるはずである。次の練習にも絡むので、拙訳を参考にして内容を確認したら、一度音読しておいていただきたい。

I'm not myself convinced that the devotion to mountains and natural places in Romanticism is as deep, or as much a part of the society, or as continuous as it is in, for example, Japanese culture, or in other cultures, too. And that's not that in any way I want to dismiss the achievements of the English Romantics; it's not that I haven't taken personal, deep pleasure from their writing about mountains. Recently I read, you know, re-read Wordsworth's account of crossing the Alps, partly because some of the mountains that we climbed just recently are pitched above the traditional Alpine passes. So, that was just quite interesting. So, it's not that I don't value those things, it's just that I don't think they are integrated into a much larger system of belief in the way that, as I understand it, historically they have been in Japan.

ロマン主義［(注) ここでは、自然・想像力崇拝、懐古趣味などを特徴とする、18世紀後期から19世紀にかけてのイギリス・ロマン主義を指す］の山岳・自然崇拝は、たとえば日本やほかの国の文化における山岳・自然崇拝ほど深くもなければ、社会の一部として連綿と受け継がれてきたようなものではないと思いま

すよ。もちろん、だからといって、イギリス・ロマン派が作り上げたものが駄目だと言うつもりは毛頭ありません。ロマン派の文学者たちが山について書いたものを読んで、個人的にはとても感銘を受けましたしね。最近、ワーズワースのアルプス越えの話*を読んで、というより読み返してみました。最近登ったばかりの山々が、昔ながらのアルプスの山道沿いにちゃんと存在しているというのも、それはそれでとても面白いですしね。だから、そういうものがつまらないというわけではなくて、それがかならずしも、昔からの日本の山岳信仰などとちがって、大きな信仰の体系のなかに組み込まれてはいないということです。

[* William Wordsworth (1770～1850) は、イギリス・ロマン派の桂冠詩人。アルプス越えに関する記述は、彼の自伝的長篇叙事詩『序曲』(Prelude) の第6巻に現われる]

反復再生

これは、同じ視聴覚教材を何度も再生しながら物真似発声を繰り返す学習法で、先に解説した暗唱と組み合わせて実践すると効果が大きい。同じ文章を何度も聴いたり発音したりしながら体に練り込んでいくことを考えると、教材は自分の目的に合わせて念入りに選んだほうがいい。適当なものが見つからなければ、自分で作ってしまうという手もある。

たとえば、僕の場合、もっとも滑らかに口から出てき

てほしいのは、学会発表や講演で用いるような英語表現である。そのため、自分が手本と仰ぐようなきれいな英語を話す人の学会発表や講演の音声が入手できたときには、ほかの人の声が混じるところなどを削って、自分だけの音声教材を作ることにしている。それをただ聴き流していてもいいし、役に立ちそうな表現が出てくるところはとくに注意して物真似を繰り返す。そんな風にして練習を繰り返しながら、自分なりの発表のスタイルを作ってきた。

学会発表や講演よりも文体的にくだけていながら内容的に深いものを含んでいる視聴覚教材もずっと探しているのだが、意外にいいものが見つからない。とくに文化的な発信のお手本になるようなものは、少なくとも僕の知るかぎり、いままでほとんど作られていなかったように思う。

だから、英語教育の一環として、これも自分で作った。先述の放送大学の教材がそれで、上記の英文をご覧いただければわかるとおり、I'm not (myself) convinced that ...「〜だとは（私自身）どうしても思えない」、not ... in any way「まったく〜ではない」、it's not that ...「〜だというわけではない」、partly because ...「〜ということもあって」、in the way that ....「〜というような形（やり方、方法）で」、as I understand it「私が理解しているところによれば」といった、会話で多用される言い回しや、devotion「献身、愛着」、dismiss「捨てる、簡単に片付ける」、value「評価する」、integrate「統合する」、historically「歴史的に」など、文化事象を語るときに何度も使

えそうな言葉が自然な会話の流れに乗って要所要所に現われる。こういう文章を反復再生法＋暗唱によって体感することで、高度な会話術を身につけることができる。

★発展学習
日本の山岳信仰とロマン派の自然崇拝に関する上記の英文を暗唱しなさい。また、自分にとって有用な視聴覚教材を見つけ出して（あるいは自分で作って）、最低でも1日5分はそれを反復再生しながら暗唱の練習をしなさい。

**Chapter Eleven
Other Self-Study Methods**

第11章
その他の独習法

本章では、いままでに紹介した以外の独習法のなかから、効果が認められているものをいくつか紹介する。好みや必要に応じて、基本となる独習法と組み合わせて実践していただきたい。

定型構文練習（パタン・プラクティス）

これは、口語英語の練習を中心とした、いわゆる「オーラル・アプローチ」(oral approach)なる学習理念を提唱したアメリカの英語教育学者Ｃ・Ｃ・フリーズがその理念に基づいて開発した学習法で、日本でも一世を風靡した。僕の記憶では、昭和40年代から50年代のはじめごろに大流行していたように思う。だが、学習が単調になりやすく、徐々に英語教育の現場から姿を消していった。

ただし、一般の中学生・高校生にとって退屈な学習法であったとしても、ある決まった型の反復練習をするところは学習の基本に適っている。多少の改良を加えれば、達人候補生にとって有効な学習法になるだろう。

改良点の一つとして、文型変化のやり方が考えられる。従来のパタン・プラクティス（pattern practice）では、ある基本文型を元にして、たとえば、

> They usually walk.
> They usually work.
> He usually attends the concert.
> She usually opens the window.

第11章 その他の独習法

…

They usually walk downtown.
They usually work at home.
He usually attends the concert at school.
She usually closes the window at home.
　　…
They walked yesterday.
They worked yesterday.
He attended the concert yesterday.
She opened the window yesterday.

(Charles C. Fries, *Cumulative Pattern Practices : Lessons I-XX from An Intensive Course in English*, 1954 参照)

といった具合に、主語、述語動詞、修飾語句、時制などを少しずつ変えながら口頭練習をしていくのだが、基本文型のいわば「変奏」の仕方がやや恣意的な嫌いがあったので、これを仮想状況ごとに一貫性・発展性のあるものにしてはどうか。

　たとえば、「人についての印象を語る」という仮想状況を設定した上で、He/She is ＋補語という初期構文から練習を始める。最初は、「補語」の部分に形容詞を一つ入れる練習をする。文法的に見れば、人を形容することができる単語であれば何でも入れることができるが、印象を語るときの形容詞となると、幾分限られてくる（たとえば、He/She is right はきわめて普通の構文だが、「彼／彼女」についての「印象」の描写とは言いがたい）。具体

例としては、charming「魅力的な」、shy「恥ずかしがり屋の」、sharp「鋭い」、brilliant「聡明な」、lively「元気のいい」、amiable「愛想のいい」、modest「謙虚な」、nasty「いけすかない」、pushy「厚かましい」、smart「垢抜けた」(「痩せた」の意味はないことに注意)などが挙げられる。

次に、その形容詞を修飾する副詞(句)を加える。ただし、気をつけなければいけないのは、副詞(句)と形容詞の相性である。very ならば、たいがいの形容詞と相性がいいが、fairly はもっぱら正の価値を持つ形容詞を修飾する。また、a little bit などは、少なくとも人の印象を語る文脈では、正の価値を持つ形容詞と共起しない。

さらに、補語の部分を、「[副詞(句)+]形容詞」の形から(a very shy person といった具合に)「冠詞+[副詞(句)+]形容詞+名詞」に変えたり、文頭に伝達節をつけたり、時制を変えたり、また別の句を付け加えたりしながら初期構文をどんどん展開していけば、たとえば My impression is that she is fundamentally a very shy person や、Honestly I suspect the president was a little bit angry at that time のような文ができ上がる。

ほかにも、「人を紹介する」や「会議で質問をする」という仮想状況を設定し、それぞれ Let me [I'd like to] introduce... や I'm wondering if... のような初期構文からの構文展開練習をするのも有効である。

残念ながら、いまのところこの場面・状況別の新式定型構文練習に使える例文集などは出版されていない。英

第11章　その他の独習法

語達人の外交官・斎藤博は、新しい言葉を覚えるとき、それを「文章に仕組んで実習」したというが、この独習法を実践しようと思う塾生は、それを見習って、自分が使うことになりそうな例文を体系的にまとめた定型構文練習の教科書を、自分で作ってみてはどうだろうか。

英文日記

　日記を英語で書く学習法の主旨は、基本的には創作のそれと変わらない。ただし、日常的な出来事を英語で伝えたいという人には、むしろこちらの学習法のほうが向いているかもしれない。

　僕自身は、一番大切な思い出に関わることはやはり母語たる日本語で書きたいという思いもあって、英文日記に本気で取り組んだことはない。だが、これが英語学習法として有効であることを示す事例を同僚の外国人教師から教えられた。

『英語達人列伝』の元になった『中央公論』誌上の連載がはじまったころ、僕は自分の達人選考に遺漏(いろう)があることを恐れ、同僚との座談の折などに、企画の趣旨に合わなくてもいいから、とにかく英語の習得・運用において何か際立ったところが見られる日本人がいたら教えてほしいと頼んで回った。それに応えて、英文科のジョージ・ヒューズ教授が加藤孝という東北大学名誉教授の名を挙げた。加藤教授については、ヒューズ教授自らがその著作のなかで触れているので、その一節を引用させてもらう。

加藤教授についてもっとも特徴的だったことの一つは、どちらかと言えば静かで内気な人だったにも関(かか)わらず、また英語圏の国へ留学したこともなく、当時のことだから行ったことさえないにも関わらず、立派な英語を話すことだった。彼が言うには、若い頃、戦時中に、英文学を専攻することは国を裏切ることと同義であり、彼の職業の選択は楽なものではなかったという。どうやってそんなに高い水準の研究が達成できたんですか、と尋ねると、何年間も毎日英語で日記を書いてきたのだと説明してくれた。
　　　　　　　　　　　　　（『ハーンの轍(わだち)の中で』）

　ヒューズ教授がそのとき聞かせてくれたのも、基本的にはこれと同じ内容の話であった。ほかの人の話ならだいぶ割り引いて聞いたかもしれないが、ヒューズ教授は、僕が国内外で出会った外国人学者のなかでもトップクラスの学識があり、日本文化にも造詣(ぞうけい)が深い。その話はまず信頼して間違いない。僕はたちまち学習者に対して英文日記を推奨する気になった。
　英語学習の一環として英文日記をつけるときの心構えとしては、当然ながら毎日つけること。1週間分くらいをまとめて書いたのでは、あまり意味がない。また、主語のIは省略してもいいから、きちんとした文を作ること。簡単な名詞（句）の箇条書き程度では効果が薄い。毎日毎日、できれば「作文」の章で解説した要領で関連表現を探しながら、丹念に作文をしてほしい。

第11章　その他の独習法

対人英会話練習

　本塾はあくまで自習塾なので、お金を払って母語話者の先生から英会話を習うというような状況を想定してはいないが、やはり人を相手に話す訓練は語学の学習には欠かせない。そこで、できれば母語話者相手に、あるいは母語話者が臨席している場で英語を話す機会を自分で作ってほしい。

　ただし、とここでもまた留保条件がつく。外国人と見れば英語で話し掛けるのはあまりに品がない。昔、あちらこちらで英会話の練習台にさせられて不快な思いをしたという日本在住のイギリス人の随筆を読んだことがあり、また、僕自身、数年前に同じような状況に出くわしたことがある。

　前章で紹介したミドルセックス大学のアラン・デュラント教授を案内して浅草見物に行ったときのこと、たまたま「時代祭」なる地元の大きなお祭りがあり、日本史の時代別の装束に身を包んだ人たちが行列を作って大通りを歩いていた。伝統的な日本の風俗に触れてもらういい機会だと思い、歩道の最前列に陣取って大名行列さながらの出し物を見ていたら、一人の日本人男性が何やらしきりに教授に話し掛けてくる。教授も気楽に対応しているので放っておいたのだが、あとで教授から聞いたところによると、その男性は、観光地で外国人を見つけては英語で話し掛け、英会話の練習をしているのだと話したという。

　こういう勉強法を実践している人がいることは話には聞いていたが、実際に目の当たりにしてみると何とも奇

妙なものだ。立場を逆にして考えれば、イギリスの町中でいきなり見ず知らずのイギリス人に「コンニチハ」と話し掛けられるに等しく、そういう場合はたいてい物乞いか詐欺と相場が決まっている。話し掛けるほうは勉強のつもりでも、知らない人に話し掛けられたほうは（少なくとも一瞬は）不安になるものである。しかも、たとえ会話がうまくいったにせよ、初対面の母語話者との立ち話で学べることなど高が知れている。達人レベルを目指す人の勉強法ではない。

　本塾の塾生諸君は、やはりそれなりの必然性のあるところで英語を話すように心掛けてほしい。そのためには、新聞や地方自治体の広報や案内パンフレットなどにこまめに目を通し、英語の母語話者を講師に迎えての講演会やセミナーなどの広告を見つけたら、それに積極的に参加するという手がある。数日間にわたる集中セミナーなどでないかぎり、参加費などは大したことはない。なかには参加費を取らないものもあるが、主催者側も、講師に対する礼儀として多くの聴衆を集めようとしている場合が多く、参加申し込みをすると意外に有り難がられたりする。

　参加申し込みをしたら、講演会・セミナー当日までにその内容について勉強をし、問題意識を高めておく。あらかじめ聞きたいことを思いついたら、その段階で質問項目を作文しておいてもいいだろう。

　講演会・セミナーの席では、会の進行を妨げないようにして発言の機会を窺う。じつはここが大事なところで、英語による講演会・セミナーなどにおいては、ときに英

会話マニアのような人が、ただ英語を話す練習として、主題とはまったく関係ないことを延々と話し続けて講師や主催者を困らせることがある。このような行為は厳に慎むべきである。あくまで議論が自分の関心に絡んだときにのみ（そして、きちんと予習をしていけば、かならず何か聞いてみたいことが頭に浮かんでくる）、質疑応答の席で手を挙げる。たとえ緊張しながらでも、そういうときに発した英語はのちのちまで頭のなかに残っているものだ。

Feel it !

英語による講演会・セミナー以外にも英語を話す機会はある。たとえば、英語を話す客人が外国から来たときなど、通訳を買って出る。観光地を案内する場合などは、事前にその土地についての下調べをして、英語で観光案内ができるようにしておく。

僕も助手時代には、外国の学者を案内するときなど、寄り道の可能性も考え、立ち寄りそうな場所にまつわる説明文をいくつか用意していったものである。こういう準備は、やりすぎていけないということはない。用意した英文は、かならず自分の血となり肉となる。

実際に案内をする段になったら、自分が何を話すかだけではなく、相手が何をどのような言葉で表現するかにも注意を払うようにする。とくに英語の母語環境に置かれていない日本人にとって、母語話者は重要な情報源である。

またもや個人的な話で恐縮だが、僕がはじめて師事し

た私塾の先生は、戦後、日光で英語教師をしていたが、しょっちゅう外国人観光客の通訳として駆り出されたという。英語修業時代に戦争を迎えてしまったこともあり、また戦後大病をしたこともあって、終生海外に出る機会に恵まれなかった先生だが、それだけに、英語の母語話者の一言半句も無駄にしなかった。

あるとき先生は、僕に touch と feel の表わす「さわり方」の違いを説明するにあたって、通訳として観光案内を務めたときの体験談を披露してくれた。あるアメリカ人家族を連れて観光地を巡っていたときのこと、子供の一人がみやげ物屋で見つけたおもちゃの日本刀に関心を示し、自らの手で刀身の出来映えを確認したのち、おそらくその感動を共有したいと思ったのだろう、先生に向かって 'Feel it! Feel it!' と叫んだのだという。

つまり、touch だとただ「さわる、ふれる」だけだが、feel には「さわって、その感触を確かめる」という意味合いがあるのだと先生は教えてくれた。観光客の子供が発した何気ない言葉ですら、海外に出たことのない先生にとって、英語学習／教授のための大事な用例だったのである。

幸い、国際化・情報化の時代、我々は母語話者の話す英語を聴く機会に恵まれている。だからといって、母語話者の言葉を（ちゃんと聴き取れたとして）ただ漫然と聴き流していてはいけない。いやしくも達人を目指そうというからには、英語教材がほとんどない時代に手探りで英語を極めようとした長崎通詞たちの集中力でその一言一言に耳を傾けていただきたい。

第11章　その他の独習法

翻訳練習

　ここでの「翻訳」とは、日本語から英語へ、英語から日本語へという具合に、違った言語間で文章や語句の内容を言い換える作業を指している。程度の差こそあれ、外国語を使うときには、かならずどこかでこの作業を行なっている。最近の英語学習では、英語を英語のまま理解することを奨励する傾向にあるが、たとえそれができたにせよ、日英間の意味の変換ができないようでは不便もはなはだしい。

　大学時代、柄にもなくハード・ロック・バンドでドラムなどを叩いていた僕は、あるとき、大好きだったドラマーが来日して講習会を開くというので見にいったことがある。ドラマーは英語話者だったので、通訳がついたのだが、明らかに本職の通訳ではない。もしかしたら音楽好きのバイリンガルということで引っ張り出されたのか、日本語、英語ともに不自由なく話すくせに、変換をするときにいちいち考える。

　一番ひどかったのは、観客席からドラマーに対して、書面で「あなたの生き甲斐(がい)は何ですか？」との質問が出されたときのことで、「生き甲斐？　生き甲斐？　うーん、何て言ったらいいんだろう？」と言いながら、会場が凍りつくほど長い時間考え込んでしまった。何も「生き甲斐」をそっくりそのまま表現する訳語を見つけなくとも、全体として What makes your life most enjoyable? とか When do you find your life most meaningful? とか、あるいは What keeps you going? とか、何とでも聞き様

がありそうなものだが、結局その質問はあきらめて次の質問に移ってしまった。

これは、一部の帰国子女などにも見られる現象である。日本語、英語、それぞれ器用に操ることができるのに、翻訳ができない。文学的とは言わないまでも、ちょっと難しい英文を和訳させようものなら、目も当てられないような日本語を書く。

英語が器用に話せればいいと言う人もいるかもしれないが、多くの場合、日本人が高度な英語力を要求されるのは、日本の会社の代表として外国人と交渉をするとか、外国の研究を日本に紹介するとか、あるいは逆に日本での研究を発表するとか、日本語と英語、ときにそれ以外の言語が交錯する異文化状況である。正確に翻訳をする習慣を身につけておかないと、思わぬ誤解を引き起こすことになる。

「肩凝り」

翻訳を軽視する風潮のなかからおかしな文化論が出てくることもある。たとえば、しばらく前に、「肩凝り」は日本特有の文化病だとの説がまことしやかに唱えられたことがある。日本語の「肩凝り」に相当する外国語がないというのが主たる根拠らしい。

馬鹿を言っちゃいけない。住む土地によって人間の筋肉組織が根本的に違うわけではあるまいし、日本人の肩だけが凝るなんて、そんなおかしな話があるだろうか。たしかに、さっきの「生き甲斐」ではないが、同じ意味をそっくりそのまま表わす名詞はないかもしれない。だ

が、「肩凝り」ではなく「凝っている肩」という言い方なら英語にもある。「肩凝りがする」と言いたければ、I have stiff shoulders と言えばいいのである。

翻訳の訓練を積んでいない人は、とかく意味の変換を単語単位、あるいは語彙項目単位で行なおうとする傾向にある。だから、逆に英語を日本語に直そうとしても、適当な訳語を見つけることができず、「この言葉に相当する日本語はない」という理由で、安直にカタカナ表記をしたりする。そう考えると、翻訳軽視の風潮は、カタカナ英語の急増・氾濫という形で、言語文化の破壊すら引き起こしているとも考えられるのだ。

さらに、一度カタカナ表記で日本語のなかに入り込んだ英語は、その意味体系のなかで必然的に意味が変形・変質する。そうして、洋楽雑誌やコンピュータの操作手引書に典型的に見られるような、おかしな中間言語ができ上がり、それがまた日本人の英語学習を妨げる（COFFEE BREAK 3〈p. 98〉参照）。英語達人を目指す塾生諸君は、日本語と英語をきちんと使い分け、さらに両者を変換する翻訳技術を身につけてほしい。

具体的な勉強法としては、和書とその英訳書、もしくは英書とその和訳書を一揃いで用意し、日本語は英語に、英語は日本語に訳して、原書もしくは訳本の文章と照らし合わせてその出来を確認するというやり方がいいだろう。ただし、慣れないうちは調子の悪い訳文を書いている可能性もあるので、かならず練習の最後に日英両方の名文の音読・素読を行なうこと。

さらに、高度な文化翻訳の技術を身につけたい人は、

[留学心得]

 本文中では触れなかったが、留学が英語上達への近道の一つであることは疑いようがない。とはいえ、ただ漫然と英語圏に滞在するだけでは大した英語力は身につかない。そこで、留学を考えている人のために留学の心得を簡単に説いておきたい。

しっかりと下準備をする

 まず、英語圏に留学しさえすれば何とかなるというような甘い考えを捨てること。何の準備もなしに出かけていっては、勉強についていくだけで四苦八苦する。あっという間にそれで1年くらい過ぎてしまうだろう。やはり日本にいるうちから、本塾で解説したような学習法を実践し、高度な英語力を身につけておくことが望ましい。

 留学するというからには、語学学校や大学、大学院などに入学することになるが、自分が学ぶことになる教育機関についてもしっかりと下調べをしておく必要がある。どのような分野が得意なのか、どのような先生がいるのか、そういうことをきちんと調べずに入学してしまうと、自分が思っていたような勉強ができないことがある。

かぶれるな

 英語圏に滞在して数カ月もすると、何となく周りと話が通じ、いっぱしの英語話者になったような錯覚に陥りやすい。だが、話が通じたという達成感は麻薬みたいなもので、これが多くの英語学習者を駄目にする。多くの場合、特定の生活環境に関する共通の知識に助けられて話が噛み合っているだけのことで、本当の意味での英語力はそれほど急激に伸びるものではない。英語が上達したかなと感じたら、そのときこそ気を引き締めて修業に力を入れてほしい。

 一番いけないのは、留学先の言語文化にかぶれてしまうこと。留学生活に慣れてくると、人によっては、無意識のうちに自分が属している共同体に同化することで英語が上達したという実感を得ようと

COFFEE BREAK*5

する。そして、必要以上に現地の人たちと同じ行動を取ったり、母語話者の友人・知人が使う俗語などを真似たりするのである。

もちろん、本人がそれで幸せなら、それをことさらに責めるいわれもないのだが、そういう人の多くは、自分が同化した世界が「本物の生きた英語」が使われている場であると勘違いし、広い範囲で役に立つ英語を身につけることができなくなる。公的な場でも、(日本語との類比で言うなら)「っていうか、それってヤバくない?」にも近い響きの英語を話して平気な顔をしている。より普遍性のある英語文化と自分が置かれた特殊な言語文化状況との距離を、ある程度客観的な目で測る習慣を身につけていただきたい。

外に出る

語学学習にも状況に応じた効率というものがある。たとえば、日本で勉強しているかぎりにおいて、英会話学習などは(ある程度必要であるとはいえ)あまり効率のいいものではない。週に1度、1時間くらいの英会話の練習くらいでは焼け石に水だと言ってもいいだろう。日本で勉強するなら、やはり文法・読解を中心にやるほうが効率がいい。

一方、せっかく英語圏に留学しているのであれば、耳と口を鍛えない手はない。部屋にこもって原書を読むのは日本でもできるのだから、宿題に取り組んでいるとき以外は積極的に外に出て、いろいろな催し物や勉強会に参加してほしい。

ただし、ときどき英語の勉強だけを意識しすぎるあまり、逆に日本語を忌避する留学生がいる。日本人とは絶対に付き合おうとしなかったり、極端な場合には日本人に対しても英語で話し掛けたりする。そういう人が大成したという話は、まず聞いたことがない。相手が日本人だろうが外国人だろうが、一番自然な言語で良好な人間関係を作り上げることができるくらいの心の余裕とバランス感覚が必要だ。

英語圏の文物を見聞する際に、つねに日本における対応物を探す習慣を身につけてほしい。そして、面白い対応物が見つかったらメモしておく。

たとえば、僕自身の経験を例に取ると、イギリスでゴシック建築の洋館を見物していたとき、屋根の水落とし口についている怪物の彫像が目についた。ガーゴイル（gargoyle）と呼ばれる像で、それ自体は別段珍しくもないのだが、そのときたまたま自分の生家の屋根についていた鬼瓦を思い出し、鬼や怪物などの恐ろしい顔を魔除(まよ)けとして外に向けるという共通点に思い至った。以来、日英文化間の対応物の好例として引き合いに出すことが多い。

優れた翻訳感覚

もっとも、この二つの対応に気づいたのは僕がはじめてではない。中辞典規模の普通の和英辞典を引いたのでは、「鬼瓦」という見出しすらないが、早くも 1928（昭和3）年出版の『斎藤和英大辞典』には、ちゃんと「Onigawara（鬼瓦）【名】A ridge-end tile; a gargoyle」との記載がある。斎藤秀三郎は、酒の席でも芸者の台詞(せりふ)などを英訳して興じていたというが、そこまで日英の対照に敏感であれば、なるほど鬼瓦とガーゴイルとの対応を見つけるなどわけはない。名著『斎藤和英大辞典』には、日々のたゆまぬ修練によって養われた斎藤の優れた翻訳感覚が息づいている。

鬼瓦の項目では、英学の巨人にあっさりと先を越されてしまったので、おそらく僕以外にはまだ誰も（気づい

ていたとしても）指摘していないと思われる日英文化対応を紹介しよう。アメリカ留学中にサー・ウォルター・スコットの『アイヴァンホー』(Sir Walter Scott, *Ivanhoe*, 1819) という小説を読んだときのこと、リチャード１世（獅子心王）が「黒の騎士」という仮の姿で世の動向を探るというモチーフが、僕の脳裏にテレビ・ドラマの『水戸黄門』を呼び起こした。以来、『水戸黄門』を説明する機会があったら、将軍の親戚筋に当たる偉い大名が「『アイヴァンホー』のなかのリチャード１世のように」正体を隠し、諸国を漫遊しつつ世直しをするお話だと説明しようと考えている。残念ながらまだその機会は訪れず、また訪れたにせよ、相手の外国人が『アイヴァンホー』を読んでいる可能性はきわめて低い。ややマニアックな文化対照翻訳と言えるかもしれない。

いずれにしても、このような日英文化対照をつねに意識することで翻訳感覚が養われ、また英語での会話にもぐっと深みと色合いが増す。のちほど紹介する南方熊楠も、つねに日英の文化事象の対照を意識しながら英語学習に励んだという。日英の文化対応物を見つけ次第すぐにメモをしておき、自分なりの簡単な日英文化対照辞典のようなものを作ってみても面白いだろう。

最後に、文学翻訳を志す人のための忠告を簡単に書いておく。僕は、文学翻訳の能力は、英語力のなかでももっとも高度かつ特殊なものだと思っている。普通に英語を話したり書いたりできる程度では、とても文学翻訳はこなせない。高度な英語力に加えて、先に述べたような鋭敏な文化感覚、文学的センス、高度な日本語能力が必

要になるからだ。したがって、翻訳家志望の人は、いままで本書で解説してきた学習法に加え、日英の文学書の多読が必須の学習項目となる。

具体的な翻訳にあたっての技術は、とてもここでは書き尽くせないが、一つだけ、文体論を応用した翻訳の技法を紹介しておく。それは、語彙単位ではなく意味素や意味成分単位で訳す、あるいは意味素・意味成分を組み換えるという技法である。言語学や文体論で言うところの「意味素」、「意味成分」とは、語彙や単語よりもさらに小さい意味の単位を指す。たとえばexport「輸出する」という単語の意味は、接頭辞 ex- の「外に」と語幹 port の「運ぶ」という意味素から成り立っており、boyは「人間」、「オス」、「子供」という意味成分に分解できる。英文を日本語に訳すときにこのような小さい単位を組み換えて訳すと、比較的自然な日本語になる。

たとえば、まず『英語達人列伝』の「野口英世」の章で引用した次の英文を例に取ろう。

He was a shy thoughtful boy, shrinking generally from rough companions, but with the hot temper of his race.
(James Anthony Froude, *Thomas Carlyle*, 1901)

冒頭の He was a shy thoughtful boy の部分を学生に訳させると、たいてい「彼は恥ずかしがり屋で思慮深い少年だった」となる。もちろん、間違いではない。shy、thoughful をそれぞれ個別に辞書で引けば、定義的な意味として「恥ずかしがり屋の、内気な」、「思索する；思

慮深い」などと出ている。だが、それを単語単位で訳し換えた「恥ずかしがり屋で思慮深い少年」はいかにも翻訳口調で、日本語として不自然だ。そこで僕は、それを「引っ込み思案な少年」と訳した。すなわち、日本語の「引っ込み思案」という一つの語彙項目には、shy と thoughtful がそれぞれ持っている主要な意味成分が含まれていると判断したからである。

また、V・S・ナイポールの『イスラム再訪』(V. S. Naipaul, *Beyond Belief*, 1998) のなかに出てくる There was something else that Iqbal had never considered: that in the new state the nature of history would alter... という文の最後の部分は、同様の処理によって「歴史が変質するものであり、……」と訳した。ここでもまた、日本語の「変質」という単語の意味成分が、nature と alter の主要な意味に対応しているとの判断に依っている。

本節の最後に練習問題を出しておく。同じくナイポールの作品に現われた次の英文の下線部を、小さな意味単位を組み換えて自然な日本語に訳していただきたい。拙訳は、本章の末尾に掲げる。

It was a grand dark room. <u>The wide old floorboards, dark and rich with age, had a deep shine.</u>
(V. S. Naipaul, *Half a Life*, 2001)

書写

「書写」とは、文字どおり文章を書き写すこと。辞書の記載を書き写す勉強法は、志賀直哉の文章を書写する小

説の勉強法とともに、すでに「辞書活用法」の章で解説したとおりである。あまり芸のない学習法に見えるかもしれないが、これによって高度な英語力を身につけた偉人に南方熊楠（1867〜1941）がいる。彼は、一流科学雑誌『ネイチャー』に50編もの英文の論考や随筆を発表したほか、文学・考古学関係の週刊誌『ノーツ・アンド・クウィアリーズ』(Notes and Queries) には300回以上も寄稿している。また、イギリス人との共同作業ながら、鴨長明の『方丈記』の英訳（A Japanese Thoreau of the 12th Century, 1905）を完成させたことも注目に値するだろう。

　南方熊楠というと野人・奇人というイメージが強いため、その偉業が何か摩訶不思議な能力の賜物であるかのように思われがちである。だが、少なくとも語学学習に関しては、一見無秩序に見える生活のなかでじつに理に適った勉強をしていたことがわかる。

　自伝によると、南方は「幼少より学問を好み、書籍を求めて八、九歳のころより二十町、三十町も走りありき借覧し、ことごとく記臆し帰り、反古紙に写し出し、くりかえし読」んだという（「履歴書」）。当時の百科事典『和漢三才図会』105巻をはじめ、『本草綱目』『諸国名所図会』『大和本草』も10代前半にすべて書写し終えている。

　のちの南方の博覧強記の原点が少年期の筆写癖にあることは多くの伝記が指摘するとおりだが、僕は彼の卓越した語学力の基礎もまたこの筆写癖によって築かれたと考える。すなわち、自宅にある本を見ながら写したのならともかく、よそで読んだ本を自宅で書写するとなると、

まず尋常ならざる注意力で原文を暗記しなくてはならない。そして、帰り着くまでに何度も何度も文章を復唱していたはずだ。最後に、家に帰ってから帳面の上に覚えた文章を書き写す。まさに全身を使った筆写修業であり、これほど効率良く語感を育てる学習法はなかなかない。

南方は、アメリカ留学中もほとんど学校に通わず、「ただただ林野を歩んで、実物を採りまた観察し、学校の図書館にのみつめきって図書を写し抄」していた（同書）。彼は、イギリス留学中も図書の書写を続け、その成果は大型ノート53冊分のいわゆる「ロンドン抜書帳」として残っている。母語話者の手を借りずに『ネイチャー』が認めるほどの英文論考を書き上げる南方の英語力は、もっぱら筆写学習によって養われたものだと言っていいだろう。

この学習法を実践するには、特別な工夫は要らない。書写帳のようなものを用意して、これはと思う英文をただ書き写していけばいい。英語のリズムを体に刻みつけることが目的なので、できれば素読・暗唱用に用意した名文などを書き写すのがいいだろう。同じ名文を覚えるでも、口や耳ばかりでなく、手を使うと効果が高い。

ラジオ英語講座

長時間の聴き流し用の音声資料を得るのに意外にラジオが使いにくいことは前に述べたとおりだが、ラジオの英語番組を、その主旨に沿って聴取する学習法は悪くない。最近では、放送大学やNHKが多くのラジオ英語講座を提供しているので、それを大いに活用していただき

たい。

たとえば、僕自身が担当したことのある NHK のラジオ講座としては、「原書で読む世界の名作」がある。これは主に英米文学の名作を、縮訳版などの原文に即して解説していくもので、文学好きの学習者にはとくにお勧めである。僕が担当したのはチャールズ・ディケンズの『デイヴィッド・コッパーフィールド』だが、文学的な内容を解説するばかりでなく、英語学習の役にも立つように配慮したつもりである。

商談などで用いる英語を覚えたければ、ビジネス英会話の番組を聴くのがいいだろうし、学術的な英語に興味があれば、放送大学の英語講座などが勉強になるだろう。番組表を調べたり、あるまとまった期間ラジオを集中的に聴いたりして自分の好みに合った番組を見つけたら、それに対応する教科書を購入して勉強してみてはどうだろう。

英語の独り言など……

最後に、すでに他の自著で紹介済みのものを二つ、実践にやや困難がともなうものを二つ紹介しておく。

まず、電子メールを活用した学習法。これは、もっとも英語の話し言葉に近い書き言葉たる英語の電子メール文を集めて文例集を作る学習法である。拙著『日本人のための英語』(講談社、81～83ページ) で解説したので、興味のある人はそちらを参照していただきたい。

また、新渡戸稲造の「一日三語主義」については、『英語達人列伝』を参照のこと。ただし、達人を目指そ

第11章　その他の独習法

うという塾生は、1日3語と言わず、5〜6語覚えるくらいのやる気がほしい。

僕自身が実践している学習法の一つに「英語の独り言」がある。町を歩きながら、思いついたことをブツブツと英語でしゃべる。小声でもいいから（というより、小声にしておいてほしい）かならず声を出すところが肝心で、頭のなかだけで英文を考えようとすると、どうしても文が安易な方向に流れる。周りに人がいる状況ではやりづらい（というより、やらないほうがいい）が、人がいなくなったら、何かの文脈を設定してしかるべき文体の英語をつぶやいてみるといい。

また、英語を学ぶもっともよい方法は、英語を教えることである。逆説的に聞こえるかもしれないが、これも僕の経験から確実に言えることだ。教師の側に立つと、予習が間に合わないなどと甘えたことを言っていられない。どこを聞かれてもいいように、生徒の数倍は細かく下調べをしていかなくてはいけない。実際、家庭教師をして英文法がよくわかるようになったという大学生はたくさんいる。

本塾の塾生諸君も、ある程度英語に対して得意意識が持てるようになったら、親戚の子供などに英語を教えてみてはいかがだろう。ただし、お金を出して英語を習いにいくことが本書の趣旨に反するとしたら、英語を教えるのも独習法と言えるのかどうか、はなはだ疑問ではある。

和訳問題(p. 163)の解答例
　床板は古くて幅が広く、黒光りして年代物の味が出ていた。[拙訳]

Chapter Twelve
Selecting Suitable Language Materials

第12章
英語教材の選び方

細心の注意が必要

人に英語を習う場合、学習内容に関しては先生の指示に従っていればいいので教材選びの心配はないが、独学で高度な英語力を身につけようとする場合には、英語教材には細心の注意が必要となる。そこで、本章では教材の選び方を伝授しておきたい。ただし、ここで解説するのが、あくまで達人を目指す学習者向けの教材の選び方であることをお断りしておく。

いままで解説してきたような学習法を実践しようとする場合、最低限必要になるのは、中辞典以上の英和辞典、文法書、英書、視聴覚機器および視聴覚教材である。予備的あるいは発展的な学習を実践したい場合には、和英辞典、英英辞典、語学教科書、人によっては発音辞典、語法辞典などが必要となる。

高度に専門的な分野で英語を使おうとする場合には、その分野の専門用語を解説した辞典も必要になってくるかもしれない。また、教材ではないが、単語帳や書写帳にしたり、重要表現をメモしたりするためのノートはかならず必要になるので、これは忘れずに(できれば大量に)用意してほしい。

本塾の塾生たちには無縁の教材

ここまで本塾で学んできた塾生ならすでによくおわかりのとおり、日常の初歩的なやり取りで役立つ以上の高度な英語力を日本人が身につけるのは容易なことではない。さらに達人レベルを目指すとなると、日々のたゆま

第12章　英語教材の選び方

ぬ訓練が必要となる。したがって、英語学習の容易なることを謳っているような語学書や英語教材は、本塾の塾生たちにはまったく縁のないものと心得てほしい。とくに「簡単」、「楽々」、「ペラペラ」、「スラスラ」、「スイスイ」（あるいはそれに類する擬態語）、「～週間（～カ月）で身につく」といった文字が表題に見えるような「ハウ・ツー本」の類は、すべて敬遠して間違いない。

　また、語学書を購入しようとする場合には、著者の経歴もきちんと調べること。普通の本であれば、たいがい巻末に著者や執筆者の紹介が載っているから（載っていないものは信用しないほうがいい）、そこを読んで、きちんと英語を勉強してきた人なのかどうか、自分が手本として仰ぐに足る先生なのかどうかを確認してほしい。というのも、最近では、日本における読書文化の変質や日本人の文字離れにともない、出版社も節操のない語学書の出し方をするようになったからである。

　手間暇掛けて作った良書が売れない一方で、志の低い本が爆発的に売れたりする不確定な状況のなか、とりあえず書名に「英語」の二文字さえあればそこそこ売れるものだから、英語について何か書けそうな人を探しては、手当たり次第に執筆を依頼している感がある。素人の我流を説いているだけの語学書が多すぎる。

　英語の専門家以外の人が英語の教科書を作るなど英米では考えられないことで、巷の英語狂騒に乗じた劣悪な語学書の氾濫が日本の英語教育の混乱に追い討ちをかけないよう、学習者としても、教材の善し悪しを見分ける目を養ってほしい。同時に、出版社に対しても、（出版

事情が厳しくなっていることを十分に承知の上で）本作りに対する誇りと責任を持っていただくようお願いしておきたい。

辞書は自然にボロボロになる

辞書の選び方については、すでに「辞書活用法」の章で解説したのでそちらを参照していただきたい。相性のいい英和中辞典が一つあれば、それで当面の学習の役に立つ。学習段階が進むにつれ、和英辞典、英和大辞典、英英辞典、人によってはさらに類語辞典、発音辞典、日英文化対照辞典、英文百科事典のようなものが欲しくなってくるから、必要に応じて買い足していけばいいだろう。

もっとも、達人を目指して辞書を引きまくっていれば、英和中辞典などは丁寧に使っていても自然にボロボロになるから（ならないようなら勉強が足りないと思ってほしい）、早晩英和大辞典や大型の英英辞典に乗り換えることになる。持ち歩き用には、最近の電子辞書をお勧めする。通勤・通学途中に英文を読んでいてわからない単語が出てきたときなど、その場ですぐに引くことができるから便利である。

有益な文法の枠組み

文法書は、学習の早い段階で英文法の枠組みを理解してしまうために何度か集中的に通読する本なので、できれば網羅的でかつわかりやすいものが好ましい。それから、やや専門的なことを言うと、近代言語学の流れを受

け継ぐ記述文法(descriptive grammar＝母語話者の言語能力／活動を体系的に記述することを旨とする文法)ではなく、伝統的な規範文法(prescriptive grammar＝規範となる規則を重視する文法)の流れを汲む、いわゆる「学校文法」(school grammar)に則(のっと)っているものがよい。学校文法というと、何か日本の英語教育の低迷の元凶と見なされる「受験英語」(なる虚像)と同一視されることが多いが、じつはこれほどわかりやすく、学習者にとって有益な文法の枠組みはない。

いまのところ、もっとも手ごろな伝統・学校文法の解説書は、大学受験を視野に入れた高校英文法の参考書である。これなら、わざわざ買いに行かなくても、押し入れや書棚の隅に眠っているだろう。学習参考書に力を入れている出版社のものであればさほど心配はないので、それを活用してほしい。

さらに発展的に英文法を学習したいという人のために、英語で書かれた英文法書をいくつか紹介しておく。英語で書かれたものなら、音読、素読、多読などの用途にも使える。

まず、通読がしやすいものとしては、A. J. Thomson and A. V. Martinet, *A Practical English Grammar*, Oxford University Press, 1960、Geoffrey Leech and Jan Svartvik, *A Communicative Grammar of English*, Longman, 1975、Angela Downing and Philip Locke, *A University Course in English Grammar*, Prentice Hall International, 1992、Ronald Carter, Rebecca Hughes and Michael McCarthy, *Exploring Grammar in Context*, Cambridge University Press, 2000、

Sidney Greenbaum and Gerald Nelson, *An Introduction to English Grammar*, Longman, 2002、Douglas Biber, Susan Conrad and Geoffrey Leech, *Longman Student Grammar of Spoken and Written English*, Longman, 2002 などがある。文法事項を網羅してはいないが、語彙項目別に語法を解説したものとして、Michael Swan, *Practical English Usage*, Oxford University Press, 1980 がある。

また、英文法を網羅的に扱った大著として、Randolph Quirk, Sidney Greenbaum, Geoffrey Leech and Jan Svartvik, *A Comprehensive Grammar of the English Language*, Longman, 1985、Douglas Biber, Stig Johansson, Geoffrey Leech, Susan Conrad and Edward Finegan, *Longman Grammar of Spoken and Written English*, Longman, 1999、Rodney Huddleston and Geoffrey K. Pullum, *The Cambridge Grammar of the English Language*, Cambridge University Press, 2002 がある。通読は難しいが、折に触れて覗いているだけでも勉強になる。

語学教科書

達人塾の学習の中心となる教材は何といっても英語の原書だが、自分の関心に合うものを見つけるのはなかなか難しい。また、それが見つかったとしても、知らない単語だらけだったり大部なものだったりすると、途中で息切れしてしまう危険性もある。そこで、予備的な学習をしておきたい、あるいは自分にとって役に立つと思われる知識をいろいろな形で勉強・確認したいという塾生のために、日本で出版されている語学教科書の使用をお

第12章 英語教材の選び方

勧めする。

とはいえ、先に述べたような事情により、書店などで売られている語学書はまさに玉石混交、語学の素人が書いた「ハウ・ツー本」の類も多く、そのなかから「玉」だけを見つけだせるくらいなら、すぐに原書に取り組んでもいいという逆説まで成り立ちそうだ。何の指針もなく本屋に出かけていって、いきなり店頭で教科書選びを始めるのは、あまり賢明とは言えない。

僕が勧めたいのは、高等学校の副読本や大学の教養課程で使う英語の教科書である。とくに、独習用には、教室で答え合わせをすることを前提とした総合学習教科書よりも、注釈つきの読解用教材が向いていると思う。編者や注釈者もほとんどの場合英語の専門家なので、巷に氾濫する語学書のような質のばらつき、当たり外れがない。

僕自身の経験を言えば、高校時代に、研究社、成美堂、南雲堂などが出しているバートランド・ラッセルの注釈本を愛読し、それを足掛かりとして原書に乗り換えた。このほか、ジェイムズ・カーカップ（James Kirkup, 1923～）の随筆、ジャック・ロンドン（Jack London, 1876～1916）の短編、アガサ・クリスティー（Agatha Christie, 1890～1976）の推理小説などの注釈書は、それ自体で十分楽しめるものであった。

最近では、同じ注釈本でも文学作品や随筆ばかりでなく、科学英語、時事英語、報道英語、その他さまざまな内容を扱っているので、自分の関心に合わせて適当なものを選ぶことができる。また、本文を朗読したCDなど

が別売りされていることも多いので、それを買い求めれば、聴き取りの練習もできる。

　残念ながら、この類の教科書は一般の書店の棚には並んでいないことが多い。おそらくは、その性格上、学校単位で一括購入して生徒・学生に販売するような販売形式を採っているためだろうと思われる。我々語学教師の元には、毎年教科書選定の時期になるとカタログや見本がどっさりと届くのだが、おそらく一般の方はカタログすら目にする機会がないのではないか。

　したがって、上で説明したような教科書を購入しようとする場合は、書店で相談していただくのが一番である。少し大きな書店に行けば、大学英語教科書協会が出している『大学英語教科書目録』があるだろうから、それを見て適当なものを選べばいいだろう。また、毎年5月下旬に開催される日本英文学会の総会をはじめとして、英語関係の大きな学会があるときには、たいてい出版社・教科書会社が合同で展示即売会を行なうので、その場で現物を見て購入することもできる。

　僕自身が何らかの形で製作に関わったり、あるいは間近でその細密かつ良心的な製作過程を見てきた経験から自信を持ってお勧めできる教科書に、斎藤兆史・大橋理枝著『英語IV ── Cultural Crossroads』(放送大学教育振興会)および東京大学教養学部英語部会編の『The Universe of English』と『The Expanding Universe of English』のシリーズ(東京大学出版会)がある。前者は第10章の「視聴覚教材活用法」のところで解説したとおり、平成15〜18年度に放送大学のテレビ番組として流れる講義と

連動しているので、その間に同書を入手した場合には、ぜひ放送を見ながら勉強していただきたい。

また、あとの2冊は、東京大学の教養学部で実際に行なわれている統一授業の（それぞれ1、2年生用の）教材で、素材となる英文は厳選されたものばかりであり、また注釈も精緻を極めている。実際の授業のなかでは、視聴覚教材と一緒に使用されているが、市販されている教科書だけでも独立した読解用の教科書として用いることができる。『The Universe of English』『The Expanding Universe of English』ともにときに応じて改訂がなされているが、いずれの版を用いても同じように勉強ができる。最近のものは、本文を朗読したCDがついているので、それを用いて聴き取りの練習もできる。

視聴覚教材

まずは、聴き流し用の教材。これはわざわざ買い求めるほどのことはない。前にも書いたとおり、押し入れの隅に眠っている聴き取り学習用のテープなどで十分である。テレビやラジオの英語放送を録画・録音しておいて、それを編集して使ってもいいだろう。

物真似発声法を実践するにも、別に特別な教材を買い求める必要はないが、適当な教材が手元になく、どうしても購入しなければならない場合には、どうせなら聴解・書き取り練習にも使えるような、印刷教材が一緒についているものを選んでいただきたい。僕の経験上、割合使い勝手がいいのは、実用・時事英語関係の出版社・雑誌社が出している音声教材で、とくにインタビューの

やり取りを収録したものがいい。自然な会話の流れや間を体得したい場合、大いに参考になる。また、先に紹介した放送大学番組と印刷教材、語学教科書と付属の朗読CD、ニュース報道を編集した視聴覚教材などもお勧めである。

反復再生法に用いる教材は、「視聴覚教材活用法」のところでも述べたとおり、念入りに選び、できれば自分で作ってしまうのが一番いい。手持ちの教材のなかで、とくに自分が手本としたい英語を見つけたら、その部分だけを取り出して編集するのである。

日本文化関連英書

読解練習用の英語の原書については、すでにいままでの章で述べてきたので、それを参考にしてほしい。本塾で紹介した作家たちの文章を読み、いままで解説してきた勉強法を実践していれば、おのずと英文の善し悪しを見分ける目ができてくる。洋書売り場に行ってどうしても迷うようだったら、とりあえずペンギン・ブックスのペーパー・バックを買っておけば間違いない。

それとは別に、ここでとくにお勧めしておきたいのは、日本のことを英語で紹介している本である。大きな書店の洋書の棚に行けば、その類の本がまとめておいてあるので、自分の関心に合ったもの、あるいは自分が英語で伝える可能性のある内容を網羅しているものを選んでほしい。僕自身の愛読書は、*Japan : An Illustrated Encyclopedia*（エドウィン・O・ライシャワー、加藤一郎ほか監修『カラーペディア英文日本大事典』講談社、1993年）だが、

残念ながら、いまは絶版になっているらしい。切に再版を望みたいが、興味のある方は、ぜひ図書館などで覗いてみてほしい。

あとがき

　ここまで本塾で勉強してきた塾生諸君には、とりあえず英語修業がいかに厳しいものであるかをご理解いただけたと思う。もちろん、それだけでは達人にはなれない。また、あらためて最初のページに戻って、やり残した課題を一つずつこなしていってほしい。したがって、この文章も、ただの「あとがき」ではなく、また諸君が第1章から修業をやり直すにあたっての激励の言葉だとご理解いただきたい。

Let him have it の意味は？

　英語に対する安易なあこがれを戒めるために、たった一言が厄介な問題を引き起こしうる状況を設定し、それに対して考察を加えてみたいと思う。

　まず、次のような場面を想像していただきたい。銃を持った二人組の強盗が警察に包囲されている。強盗Aはすでに警官に身柄を拘束されているが、強盗Bは、別の警官に向かって銃を構えている。強盗Aが思わず'Let him have it'と叫ぶ。さて、この台詞はどのような意味を持っているのだろうか。

　塾生諸君にはいまさら解説するまでもないだろうが、すぐに答えを提示するのも芸がないので、場つなぎ程度に言っておけば、let は「～させる」の意の使役動詞。

一人称・三人称の目的語をともなう命令法に用いて、提案・勧誘・命令・仮定・許可・おどし・思案などを表現する。目的語のあとの動詞が原形であることも、あらためて確認しておいてほしい。ここでは、三人称の目的語 him のあとに have とあるから、文全体として「彼［(文脈的に) 警官］にそれを持たせろ、与えよ」の意味になる。

問題は it「それ」が何を指すかだが、銃を指すと考えて「(おとなしく) 警官に銃を渡せ」と解釈した人と、それが文脈的に銃弾を指すと考えて「警官に一発食らわせてやれ（＝撃て）」の意に解釈した人がいるだろう。そのどちらか一方の意味を思いつけば、とりあえず半分正解である。

場面を少し進めてみよう。強盗Aが上記の台詞を発した直後、強盗Bは銃の引き金を引き、目の前の警官を射殺してしまう。さて、今度は自分が裁判官になったと仮定し、この事件に関する目撃証言だけを元に二人の強盗の罪を計料してみよう。強盗Bは間違いなく強盗殺人。問題は、強盗Aの罪状である。

先の解釈に従うとすれば、強盗殺人への共犯関係が成立するか否かのいずれかになる。あえて「先の解釈に従うとすれば」と書いたのは、そのいずれの解釈にも従わない選択もありうるからである。じつは、それこそが正しい判断なのだ。すなわち、Let him have it は、「警官に銃を渡せ」と「撃て」の両方の意味に取れるから、この目撃証言だけでは意味が特定できないと答えた人のみが完全な正解者となる。

じつを言うと、この状況設定は、イギリスで実際に起きた事件に基づいている。上記の Let him have it については、それがどちらの意味であるのかをめぐって大きな議論が巻き起こったが、結局のところ、供述その他の証拠に基づいて、強盗Ａことデレク・ベントリーは、殺人に関わったかどで死刑となった（デレク・ベントリー事件の法言語学的分析については、アラン・デュラント「言語と法の問題——言語学の応用」、石田英敬・小森陽一編『社会の言語態』シリーズ言語態５、東京大学出版会、2002年、p.253〜281を参照のこと）。

ある文脈のなかで、ある言語表現がどのような意味を持つかを、つねに正確に量ることは難しい。軽い社交の場では、多少の誤解や言い間違えもご愛敬で済むが、上記の例のように、言葉が人の運命、さらには生命に関わることがある。

国際的な場面での英語の使用には、「国際コミュニケーション」や「異文化コミュニケーション」といったきれいごとでは済まされない部分がある。そこまでぎりぎりの状況で英語を操る覚悟がないのであれば、うかつな英語論などは唱えないことだ。

花火と爆弾

現在の国際情勢を考えると、やや生々しい比喩かもしれないが、ときとして僕は自分が爆弾処理班のような仕事をしているのではないかと思うことがある。言葉の爆弾を見つけては、その構造を細かく分析し、危険のないように処理をする。

あとがき

　周りの野次馬たちは、やれ不発弾を見つけたことがあるの、自分は火薬の扱いに慣れているの、プラスチック製爆弾の構造はこうだの、あれこれ講釈をしながら近づいてくる。その人たちに向かって、ときどきこう叫ばなくてはいけない。「危険ですから、一般の方は近づかないでください！」と。

　英語学習を軽々しく論じる人たちは、たとえて言うなら、英語を花火のようにきれいなものだと思っている。火のつけ方さえ覚えれば、誰でも簡単に楽しめるものだと思っている。もちろん、それはそれで大いに結構なことで、花火は花火として楽しんでもらうに越したことはない。

　だが、ときとして、花火が扱えれば爆弾も扱えるはずだと言い出す人がいる。あるいは、戦争に関するテレビ報道を見て、夜空を埋める多数の閃光(せんこう)を花火だと思っている人がいる。そういう人たちに対しては、いくら憎まれようと、いかにエリート主義だと罵(ののし)られようと、それはあなた方の手に負えるものではありませんから、近づくと危ないですよと言い続けるしかない。

　花火の知識で爆弾処理ができないのと同じように、文法無視でしゃべってただ通じるだけの英語では、とても国際舞台の第一線で仕事をすることはできない。極端な話、冠詞一つで社運の掛かった契約書の内容ががらりと変わってくる。国際コミュニケーションの英語で契約を取り交わし、あとになってから「あれは単純な文法ミスでした」では済まされないのである。

英語修業の「道」

 塾生諸君は、爆弾処理法も含め、英語の運用に関する高度な知識と技能を身につけたいと思っているに違いない。志を同じくする者として、頼もしく思う。だが、英語が外国語である以上、それを習得するには相当の苦労が必要であることを覚悟しなくてはいけない。僕自身、ときとして、そこまで必死になって英語を修めて何になるのかとの疑念にさいなまれることもある。

 英語は国際語・世界語だから仕方がないという。これからの世のなか、英語ができなくては生きていけないという。あるいは、英語さえ使いこなせれば、世界中の人たちと仲良くなれるという。はたして本当にそうだろうか？

 たしかに、僕自身、英語を勉強してきたお陰で、国内外に多くの友人を得た。英米の学者たちとも親密なつき合いができるようになった。だが、そのすべてが平等・対等の関係ではない。

 たとえば、英米の学者であれば、時間と労力のすべてを専門の研究に費やすことができる。こちらは、過去30年もの間、英語という言語を習得することに躍起になってきた分、明らかに研究で出遅れている。これは仕方のないことなのか？ 英語を母語としないがゆえに、英語を「共通語」とするすべての分野において母語話者に引けをとらなくてはならないとしたら、あまりに悲しすぎるだろう。

 ならば、みな母語と「国際語」たる英語の二言語話者(バイリンガル)になったらどうかと言い出す人がいる。それが往々にし

て英語しか話せない学者だったりするから、首を傾げたくなる。二言語併用とは、口で言うほどやさしいものではない。

　父母の国際結婚などの偶然によって子供が完全なバイリンガルになることはあっても、それが自然な言語習得であるとか、二言語併用こそがこれからの言語教育に求められるべきものであるという主張は、直感的に間違いだと言い切っていいと思う。人間はそれほど器用な生き物ではない。我々の精神は、放っておけば、つねに安定した単一言語状況を求めるものだ。

　幸か不幸か、我々のほとんどは日本語を母語として育った。そして、不幸なことに、日々英語という強大な言語の脅威にさらされている。帝国主義的とも言える英語の侵略に対し、それを徹底的に拒みつづけるという選択もないではない。だが、我々はその言語と争うのでなく、その力を自らのなかに取り込んでしまおうとの志を立てた。もはや後戻りはできない。

　英語から自由になるために、真の意味での平等な国際対話を実現するために英語を極める。矛盾しているように聞こえるかもしれないが、これこそ日本人がもっとも得意とする逆説ではないか。そういう意味で言えば、本塾で解説したような厳しい英語修業は、一つの哲学、「道」であるとも言えるのだ。

　同じ「道」を歩む同志として、心から塾生諸君の精進を祈る。

*

最後に、原稿を丹念に読んで貴重な意見を聞かせてくれた筋金入りの英語マニア、東京女子大学嘱託講師の三谷裕美さんに感謝する。また、いつもながら手際よく編集作業をこなしてくれた中公新書編集部の郡司典夫氏にお礼申し上げる。

2003年4月

斎藤兆史

Acknowledgements

©Kazuo Ishiguro, *When We Were Orphans* (2000).
©David Lodge, 2003
©VS Naipaul, *Beyond Belief* (1998), reproduced with permission of Gillon Aitken Associates Ltd, London.
©Jeremy Paxman, *The English: A Portrait of a People* (1998), Penguin Books.

斎藤兆史（さいとう・よしふみ）

1958年（昭和33年），栃木県に生まれる．
81年，東京大学文学部英語・英米文学科卒業．同大学院人文科学研究科英語英文学専門課程修士課程修了，インディアナ大学英文科修士課程修了，ノッティンガム大学英文科博士課程修了（Ph.D）．東京大学文学部助手，教養学部専任講師，大学院総合文化研究科助教授を経て，現在，大学院教育学研究科教授．

著書『英語達人列伝』（中公新書）
　　『英語達人読本』（中央公論新社）
　　『日本人のための英語』（講談社）
　　『英語の作法』（東京大学出版会）
　　『英語の味わい方』（NHKブックス）
　　『努力論』（ちくま新書）ほか
訳書『コペルニクス博士』（J.バンヴィル著，白水社）
　　『ここだけの話』（J.バーンズ著，白水社）
　　『少年キム』（R.キプリング著，晶文社）
　　『詩の記号論』（M.リファテール著，勁草書房）
　　『イスラム再訪』（V.S.ナイポール著，岩波書店）
　　『不思議なみずうみの島々』（W.モリス著，晶文社）
　　『消滅する言語』（D.クリスタル著，中公新書）

英語達人塾	2003年6月25日初版
中公新書 1701	2020年2月15日12版

著　者　斎藤兆史
発行者　松田陽三

本文印刷　暁　印　刷
カバー印刷　大熊整美堂
製　　本　小泉製本

発行所　中央公論新社
〒100-8152
東京都千代田区大手町1-7-1
電話　販売 03-5299-1730
　　　編集 03-5299-1830
URL http://www.chuko.co.jp/

定価はカバーに表示してあります．
落丁本・乱丁本はお手数ですが小社販売部宛にお送りください．送料小社負担にてお取り替えいたします．

本書の無断複製（コピー）は著作権法上での例外を除き禁じられています．また，代行業者等に依頼してスキャンやデジタル化することは，たとえ個人や家庭内の利用を目的とする場合でも著作権法違反です．

©2003 Yoshifumi SAITO
Published by CHUOKORON-SHINSHA, INC.
Printed in Japan　ISBN978-4-12-101701-7 C1283

中公新書刊行のことば

　いまからちょうど五世紀まえ、グーテンベルクが近代印刷術を発明したとき、書物の大量生産は潜在的可能性を獲得し、いまからちょうど一世紀まえ、世界のおもな文明国で義務教育制度が採用されたとき、書物の大量需要の潜在性が形成された。この二つの潜在性がはげしく現実化したのが現代である。

　いまや、書物によって視野を拡大し、変りゆく世界に豊かに対応しようとする強い要求を私たちは抑えることができない。この要求にこたえる義務を、今日の書物は背負っている。だが、その義務は、たんに専門的知識の通俗化をはかることによって果たされるものでもなく、通俗的好奇心にうったえて、いたずらに発行部数の巨大さを誇ることによって果たされるものでもない。現代を真摯に生きようとする読者に、真に知るに価いする知識だけを選びだして提供すること、これが中公新書の最大の目標である。

　私たちは、知識として錯覚しているものによってしばしば動かされ、裏切られる。私たちは、作為によってあたえられた知識のうえに生きることがあまりに多く、ゆるぎない事実を通して思索することがあまりにすくない。中公新書が、その一貫した特色として自らに課すものは、この事実のみの持つ無条件の説得力を発揮させることである。現代にあらたな意味を投げかけるべく待機している過去の歴史的事実もまた、中公新書によって数多く発掘されるであろう。

　中公新書は、現代を自らの眼で見つめようとする、逞しい知的な読者の活力となることを欲している。

一九六二年十一月

言語・文学・エッセイ 中公新書

番号	タイトル	著者
533	日本の方言地図	徳川宗賢編
2493	日本語を翻訳するということ	牧野成一
500	漢字百話	白川 静
2213	漢字再入門	阿辻哲次
1755	部首のはなし	阿辻哲次
2534	漢字の字形	落合淳思
2430	謎の漢字	笹原宏之
2341	常用漢字の歴史	今野真二
2363	学ぶための言語学の考え方	黒田龍之助
1880	近くて遠い中国語	阿辻哲次
1833	ラテン語の世界	小林 標
1971	英語の歴史	寺澤 盾
2407	英単語の世界	寺澤 盾
1533	英語達人列伝	斎藤兆史
1701	英語達人塾	斎藤兆史
2086	英語の質問箱	里中哲彦
2165	英文法の魅力	里中哲彦
2231	英文法の楽園	里中哲彦
1448	「超」フランス語入門	西永良成
352	日本の名作	小田切 進
212	日本文学史	奥野健男
2556	日本近代文学入門	堀 啓子
2285	日本ミステリー小説史	堀 啓子
2427	日本ノンフィクション史	武田 徹
563	幼い子の文学	瀬田貞二
2156	源氏物語の結婚	工藤重矩
1787	平家物語	板坂耀子
1798	ギリシア神話	西村賀子
1254	ケルト神話と中世騎士物語	田中仁彦
2382	シェイクスピア	河合祥一郎
2242	オスカー・ワイルド	宮﨑かすみ
275	マザー・グースの唄	平野敬一
2404	ラテンアメリカ文学入門	寺尾隆吉
1790	批評理論入門	廣野由美子
433	日本語の個性(改版)	外山滋比古

教育・家庭

- 1136 0歳児がことばを獲得するとき 正高信男
- 1882 声が生まれる 竹内敏晴
- 2429 保育園問題 前田正子
- 2477 日本の公教育 中澤渉
- 2218 特別支援教育 柘植雅義
- 2004/2005 大学の誕生(上下) 天野郁夫
- 2424 帝国大学──近代日本のエリート育成装置 天野郁夫
- 1249 大衆教育社会のゆくえ 苅谷剛彦
- 2006 教育と平等 苅谷剛彦
- 1704 教養主義の没落 竹内洋
- 2149 高校紛争 1969-1970 小林哲夫
- 1065 人間形成の日米比較 恒吉僚子
- 1578 イギリスのいい子 日本のいい子 佐藤淑子
- 1984 日本の子どもと自尊心 佐藤淑子
- 416 ミュンヘンの小学生 子安美知子
- 2066 いじめとは何か 森田洋司
- 986 数学流生き方の再発見 秋山仁
- 2549 海外で研究者になる 増田直紀